Haffmans' Helfende Hand-Bibliothek

Der
A-Quotient

Theorie und Praxis
des Lebens mit Arschlöchern

von

Charles Lewinsky

HAFFMANS VERLAG

Umschlag und Illustrationen von
Thomas Di Paolo

Erste Auflage, Herbst 1994
Zweite Auflage, Frühling 1995

»Die Profis sterben aus, und die Arschlöcher
vermehren sich wie die Kaninchen.«

Hans R. Beierlein

INHALT

TEIL II: DIE PRAXIS

WARNUNG

In diesem Buch wird des öfteren ein Ausdruck verwendet, den Sie, verehrte Leser, natürlich niemals in den Mund nehmen würden.

Sie benutzen ihn höchstens, wenn ein anderer Autofahrer Ihnen hinterhältig den Parkplatz wegschnappt, in den Sie gerade einbiegen wollten; wenn der Schiedsrichter einen Elfmeter pfeift, obwohl doch ein Blinder sehen konnte, daß das eine Schwalbe war; wenn die Frau vor Ihnen an der Kasse stundenlang im Geldbeutel nach Kleingeld gräbt, in der irrigen Meinung, daß andere Leute nichts Besseres zu tun hätten, als im Supermarkt Wurzeln zu schlagen; wenn die junge Dame am Beschwerdeschalter Sie freundlich lächelnd fragt, ob Sie denn vor Inbetriebnahme des Videogerätes auch die Gebrauchsanweisung gelesen hätten; wenn Ihr Hausbesitzer, der sowieso schon lange nicht mehr weiß, wohin mit dem Geld, die Miete erhöht; wenn dem Quizkandidaten ums Verrecken kein deutscher Dichter mit G einfällt, obwohl Sie doch schon seit fünf Minuten »Goethe, Goethe!« in die gute Stube brüllen; wenn ein wildfremder Mann Ihnen am Telefon Optionen auf Schweinebäuche verkaufen will – Was sollen Sie mit Schweinebäuchen? So was Fettes dürfen Sie sowieso nicht essen –; wenn die neue Kollegin, diese Intrigantin, sich kaffeekochend beim Chef anbiedert; wenn eine falsche Verbindung Sie nachts um drei aus dem Bett schreckt, erwürgen könnten Sie den Kerl; und natürlich jedesmal, wenn .... am Fernsehen auftritt. (Name bitte nach persönlicher Abneigung einsetzen.)

Wie gesagt: Sie verwenden dieses Wort praktisch nie.

Bitte verzeihen Sie mir, wenn ich es trotzdem tue. Glauben Sie mir, es geschieht einzig und allein im Interesse der Wissenschaft. Und damit natürlich in Ihrem Interesse.

Die Theorie

DIE GEBURT EINER THEORIE
oder
Wie das deutsche Fernsehen der
Inspiration förderlich ist

Ich muß gestehen: Ich hätte nie gedacht, daß ich eines Tages ein wissenschaftliches Buch schreiben würde. Mathematische Formeln sind nicht meine Sache, und schlaflose Nächte, fieberhaft über ein Mikroskop gebeugt, habe ich noch nie verbracht. Das einzige, was mich mit einem Forscher, wie man ihn aus maßgebenden Hollywoodfilmen kennt, verbindet, ist die totale Unfähigkeit, ein Hemd aus dem Schrank zu holen, das farblich zum Jackett paßt.

Aber was soll man tun, wenn die Inspiration einen überkommt? Als Albert Einstein die Relativitätstheorie einfiel, sagte er auch nicht: »Ich will jetzt lieber Geige üben.« Nein, er schnappte sich einen alten Briefumschlag und begann sich Notizen zu machen.

Die These, die ich in diesem Buch aufstelle, wird Ihnen im Alltag bedeutend nützlicher sein als die Relativitätstheorie. (Wie oft gehen Sie schon in den Hobbykeller, um eine Atombombe zu basteln?) Sie wird Ihnen helfen, die Welt besser zu verstehen. Sie liefert die Lösung für Probleme von so unterschiedlicher Art wie »Warum wurde Ronald Reagan Präsident der Vereinigten Staaten?«,

»Warum ist Madonna ein Weltstar?« oder »Warum verkauft sich die ›Bild‹-Zeitung so gut?« Der Erfolg von Karl Dall läßt sich damit ebenso erklären wie der Mißerfolg des Marxismus. Wenn ich es recht überlege: man kann so ziemlich alles damit erklären.

Jetzt sind Sie gespannt? Das zu erreichen war auch der einzige Zweck des letzten Abschnittes. Aber bevor ich Ihnen meine Theorie erläutere, möchte ich kurz erzählen, wie ich dazu gekommen bin.

Die wirklich großen Momente der Wissenschaftsgeschichte scheinen sich unter wenig spektakulären Umständen zu ereignen. Archimedes zum Beispiel lag ganz friedlich in der Badewanne und spielte – zumindest stelle ich mir das so vor – mit der antiken Entsprechung einer gelben Plastik-Quietschente. Plötzlich brüllte er »Heureka«, ein Sklave stürzte mit einer Amphore voll heißem Wasser ins Badezimmer, und Archimedes verkündete ihm freudestrahlend: »Ich habe soeben das hydrostatische Grundgesetz entdeckt.« Der Sklave verstand kein Wort, lächelte höflich und füllte die Badewanne auf.

Isaac Newton hatte es sich unter einem Baum bequem gemacht und träumte gerade einen erotischen Traum, in dem ihm der König, nur mit dem Hosenbandorden bekleidet, zum Ritter schlug. Ein fallender Apfel ließ den Traum vorzeitig enden, aber dafür waren Newtons Gehirnzellen so angeregt, daß er auf der Stelle das Gesetz von der Schwerkraft formulierte.

Ich saß vor dem Fernseher und sah mir eine Show mit dem Titel *Verzeih mir!* an.

Die Stars dieser Sendung waren Leute wie du und ich – oder sagen wir lieber: wie er und sie. Ich will den geneigten Leser ja nicht verprellen. Sie ließen sich von der Präsentatorin auf ein Sofa lokken und lieferten dort vorgefertigte Geständnisse ab, in denen sie sich bezichtigten, anderen Leuten – die sich im weiteren Verlauf der Sendung als ebenso uninteressant wie sie selber erweisen sollten – üble Dinge angetan zu haben, für die sie nun öffentlich um Verzeihung bitten wollten. Ich erinnere mich insbesondere an eine recht aufgeregte Dame, deren Gewissen sie heftig plagte, weil sie einen Skatfreund »Arschgeige« genannt hatte.

Als Überbringer der Entschuldigung fungierte ein Reporter, der, mit einem Blumenstrauß und einem Kamerateam bewaffnet, unangekündigt vor der Türe des Beleidigten erschien, um ihn mit der Tatsache zu konfrontieren, daß ihn jemand um Verzeihung bitten wolle. Geblendet von den Scheinwerfern und der plötzlichen Chance, über die Bildschirme der ganzen Nation zu flimmern, wußte der Betroffene meist auf Anhieb überhaupt nicht, worum es eigentlich ging. Wenn er sich dann aber, vom Reporter sanft gestupst, doch erin-

17

nerte, wurde die Sache furchtbar spannend – und
ich habe das Wort »furchtbar« mit Bedacht gewählt.

Würde er im Studio erscheinen, um die Entschuldigung anzunehmen? Oder saß die Krän-
kung, die er vergeben sollte, so tief, daß kein noch
so öffentliches Winseln ihn je wieder gnädig stim-
men konnte? Hatte ihn die Arschgeige so ins Mark
getroffen, daß er ihre Urheberin verstoßen würde
wie König Lear seine Tochter Cordelia? Oder
würde er sie so strahlend in die Arme schließen,
wie Linda de Mol ein frisch vermähltes Traum-
Hochzeitspaar?

Er schloß in die Arme. In einer Sendung, in der
alle fünf Minuten ein Frauenchor mehrstimmig
»Verzeih mir« schmettert, während elektronische
Blümchen den Bildschirm umranken, war eigentlich nichts anderes zu erwarten gewesen.

Alle, alle versöhnten sie sich, und, was noch viel
wichtiger war: alle, alle weinten sie dabei. Sämtliche Beteiligten der Sendung, ob sie nun um Verzeihung baten oder sie gewährten, schluchzten,
schnieften und heulten Rotz und Wasser, und
selbst die Präsentatorin, die doch vermutlich von
dem Geschehen nicht ganz und gar überrascht
worden war, preßte neckisch ein Taschentuch gegen die Wimperntusche.

Ihr Name war übrigens Ulla Kock am Brink. Ich
schwöre es. Ich kann so etwas nicht erfinden.

Dann lief ein Werbespot; ich weiß nicht mehr, ob für Katzenfutter oder für Damenbinden. Alle Werbespots sind entweder für Katzenfutter oder für Damenbinden. Und während eine glückliche Katze strahlend berichtete, daß sie jetzt auch während der kritischen Tage des Monats problemlos radfahren könne, fragte ich mich:

»Wieso melden sich Menschen freiwillig, um ihre intimen Probleme vor ein paar Millionen erdnußknabbernder Spanner auszubreiten? Merken sie denn nicht, daß sie im elektronischen Monstrositätenkabinett vorgeführt werden wie ein Kalb mit sechs Beinen? Wollen sie die fünfzehn Minuten Berühmtheit, die Andy Warhol jedem Menschen zugestand, wirklich mit lebenslanger Lächerlichkeit bezahlen?

»Warum läßt sich ein Redakteur eine solche Sendung einfallen? Und wenn sie ihm einfällt – niemand ist gegen Albträume gefeit –, warum springt er dann nicht schreiend aus dem Bett, stellt sich unter die kalte Dusche und versucht zu vergessen? Was bringt ihn dazu, diesen friemeligen Gefühls-Exhibitionismus tatsächlich ins Programm zu hieven? Was läßt ihn glauben, daß sich ein paar Millionen Zuschauer für diesen verschwitzten Seelenstriptease finden ließen?«

»Und warum hat er mit diesem Glauben auch noch recht?«

Genau in diesem Moment – auf dem Bildschirm lief gerade ein Weltrekordversuch im Herunterrattern des Satzes von den Risiken und Nebenwirkungen, wegen deren man die Packungsbeilage beachten oder mit dem Arzt oder Apotheker sprechen solle –, genau in diesem Moment stand plötzlich die Muse der Erkenntnis neben meinem Sofa und flüsterte mir die Antwort auf alle meine Fragen ins Ohr. Lieber Archimedes, verehrter Sir Isaac, ich kann euch ja so gut verstehen.

Nur ein einziges Wort flüsterte die Muse, aber es war das Wort, das alles erklärt.

»Arschlöcher« hieß das Wort.

VOM IQ ZUM AQ

oder
Über das Denken ohne Benutzung
des Kopfes

Sehen Sie der Muse die Formulierung bitte nach.
Der jahrtausendelange Umgang mit Kreativen
aller Art stumpft ab. Vielleicht sind ja auch ein
paar Finessen in der Übersetzung aus dem Alt-
griechischen verloren gegangen. »Arschlöcher«,
sagte die Muse. Und sie meinte damit folgendes:

»Es gibt überhaupt keinen Grund«, wollte die
Muse sagen, »nur wegen einer hirnrissigen TV-
Show den Niedergang der europäischen Kultur zu
bejammern. Oder zumindest nicht mehr Grund,
als es vor hundert oder tausend Jahren auch schon
gegeben hat. Es ist ja nichts Neues, daß der
Mensch Kulturprodukte ganz unterschiedlichen
Kalibers produziert. Die ersten Klagen über das
endgültige Ende des guten Geschmacks finden
sich schon an den Wänden ägyptischer Grab-
kammern.«

Und natürlich hat die Muse recht. Der kultu-
relle Abgrund, der *Verzeih mir!* von *Hamlet* trennt,
ist nicht erst gestern aufgebrochen. Trotzdem wird
man natürlich immer wieder fassungslos darüber
staunen, daß Mozart und das Naabtal-Duo zur selben Spezies gehören sollen. Und sich immer von
neuem die Frage stellen, ob der ›Hessische Land-

bote‹ und das Parteiprogramm der Republikaner wirklich aus prinzipiell gleich konstruierten Gehirnzellen stammen können.

Es *sind* die gleichen Gehirnzellen. Aber wer sagt denn, daß man das Gehirn braucht, um Parteiprogramme zu schreiben, Fernsehsendungen zu produzieren oder im Viervierteltakt zu schunkeln?

»Moment mal«, ruft ein eifriger Student aus der letzten Bank, »ein Parteiprogramm mag noch so viel Unfug enthalten, trotzdem muß sich bei seiner Abfassung doch jemand was überlegt haben! Und eine Fernsehsendung...«

»Ist ja schon gut«, unterbreche ich ihn. »Sie haben genau die richtige Frage gestellt. Sie dürfen nachher dableiben und die Wandtafel putzen. Aber jetzt hören Sie bitte zu und schreiben Sie mit! Wir kommen zu einem entscheidenden Punkt. Mit dem Denken ist das nämlich so...«

Mit dem Denken ist es so: Der Mensch verfügt zu diesem Zweck über zwei unabhängige, voneinander völlig getrennte Systeme. Wenn das eine ausfällt, springt das andere ein. Und, glauben Sie mir, eines fällt immer aus. Mindestens eines.

Der Volksmund, der die meisten Dinge weiß, ohne die geringste Ahnung von ihnen zu haben, gibt uns hier den entscheidenden Hinweis. Wenn wir einen Menschen sehen, der sich in sämtlichen Fußangeln der Logik verfängt und trotzdem blindlings weiterstolpert, dann sagen wir zu ihm:

»Benutz doch endlich deinen Kopf!« Weil uns völlig klar ist, daß er bisher etwas ganz anderes benutzt hat. Nicht den Kopf, sondern den Arsch.

Ich weiß, rein anatomisch ist es nicht sehr wahrscheinlich, daß man mit dem Hintern denken kann. Aber wenn Sie sich die Ergebnisse ansehen, zu denen die Menschheit immer wieder kommt, dann müssen Sie zugeben: es kann eigentlich gar kein anderer Körperteil sein.[1]

Auch das hat die Umgangssprache schon immer gewußt. Volkes Stimme in ihrer althergebrachten Weisheit bezeichnet in fast allen Sprachen der Welt besonders unangenehme, lästige, negative Zeitgenossen als Ärsche oder noch präziser als Arschlöcher. Warum sollten wir uns zu gut sein, einen Ausdruck zu verwenden, den die ganze Menschheit so selbstverständlich in den Volksmund nimmt?

Formulieren wir also den ersten Lehrsatz dieses streng wissenschaftlichen Buches. Wir drucken ihn fett, damit Sie wissen, was in der Abschlußprüfung abgefragt wird:

---

[1] Albert Einstein tippte ein kleines bißchen höher. In einem Brief an einen Freund schrieb er über die gescheiterte Hoffnung, aus nationalistischen Spießbürgern ehrliche Demokraten zu machen: »Wir empfanden beide nicht, wieviel mehr im Rückenmark sitzt als im Großhirn und wieviel fester es sitzt.«

Der Mensch kann auf zwei Arten denken: mit dem Kopf und mit dem Arsch. Die Leistungsfähigkeit des einen Denksystems messen wir als IQ (Intelligenzquotient), die des anderen als AQ (Arschloch-Quotient).

DUPLIZITÄT DES DENKENS
oder
Wie Kopf und Arsch miteinander
kooperieren

Die beiden Denkapparate funktionieren nach völlig unterschiedlichen Prinzipien. Sie sind so verschieden wie die beiden Methoden, eine verschlossene Türe zu öffnen: entweder man macht sich auf die Suche nach dem passenden Schlüssel, oder man schnappt sich den nächstbesten schweren Gegenstand und schlägt die Türe ein.

Der Kopfdenk ist rational, der Arschdenk irrational. Der Kopfdenk folgt den Gesetzen der Logik, der Arschdenk weiß noch nicht mal, daß es solche Gesetze gibt. Der Kopfdenk hört auf Argumente, der Arschdenk nimmt sie gar nicht zur Kenntnis. Man kann Probleme nicht anal analysieren.

»Viel zu theoretisch!« brüllt der zu diesem Zweck erfundene Herr aus der letzten Bank. »Konkrete Beispiele, bitte!« Beispiele? Aber gerne.

Nehmen wir an, Sie wollen ein neues Auto kaufen. Der Kopf meldet Ihnen sofort, daß Sie Ihren Wagen hauptsächlich dazu verwenden, jeden Morgen und jeden Abend eine halbe Stunde lang im Stau zu stehen, und daß Sie über hundertdreißig hinaus zum letzten Mal vor drei Monaten beschleunigt und dabei prompt einen Bußgeldbescheid kassiert haben. »Besonders schnell muß das Auto nicht sein«, sagt der Kopf, »dafür bequem. Und wenn es wenig Benzin verbrauchen würde, wäre das auch nicht schlecht.«

Der Arsch denkt da anders. »In sechs komma neun Sekunden von null auf hundert« sagt er. »Metallic-Lackierung«, sagt er. »Brumm, brumm. Und in der Anzeige saß eine Blondine auf dem Beifahrersitz. Mit sooo einem Busen.«

Oder nehmen wir an, eine Bundestagswahl steht ins Haus. »Was sind die wichtigsten Entscheidungen, die in den nächsten vier Jahren zu treffen sind?« fragt der Kopf. »Welche Partei hat ein Programm, das diesen Anforderungen gerecht wird? Welcher Politiker hat einleuchtende Rezepte?«

Der Arsch fragt gar nicht. Er antwortet lieber gleich. »Den wähl ich nicht«, sagt er, »der kuckt immer so schräg. Und diese komischen karierten Jacketts, die der trägt. So was will man doch nicht in der Regierung haben. Außerdem haben die einen in der Fußgängerzone Freibier ausgeschenkt und die anderen nur Luftballons verteilt. Ich mag keine Luftballons.«

Oder Sie lesen ›Bild‹. Keine Proteste, bitte. Das ist eine rein theoretische Annahme. »Die Größe der Schlagzeilen entspricht nicht der Bedeutung der Meldungen«, sagt der Kopf. »Der Wahrheitsgehalt scheint auch nicht immer über jeden Verdacht erhaben. Ob Frau N. aus F., der Michael

Jacksons Schimpanse die Unschuld geraubt hat, wohl auch tatsächlich existiert?«

»Wow«, sagt dagegen der Arsch. »Was auf der ersten Seite steht, ist auch am wichtigsten. Schimpanse, aha. Hab ich schon immer gesagt, daß das ganz gefährliche Viecher sind. Vor denen muß man sich in acht nehmen. Vor allem als Frau.«

Um alle Proteste von wegen »elitär« und »›Bild‹-Leser sind auch Menschen« gleich im Keime zu ersticken: Arschlochizität hat absolut nichts mit Dummheit oder Unbildung zu tun. Wir reden hier von einer völlig anderen Kategorie. Die beiden Denksysteme sind voneinander so unabhängig, wie, sagen wir: die Anlage zur Musikalität und die Neigung zum Dickwerden. Ein hoher IQ garantiert keinen niedrigen AQ. Man sieht ja auch nicht besser, nur weil man gute Ohren hat. Zwischen IQ und AQ sind deshalb alle Kombinationen möglich – mit entsprechend unterschiedlichen Auswirkungen.

Ein Mensch, bei dem sowohl der IQ wie der AQ niedrig sind, tapert arg- und harmlos durch sein Leben, weder zu großen Leistungen noch zu großen Schandtaten befähigt. Früher hätte man ihn als »doof, aber lieb« bezeichnet. Heute, im Zeitalter der politischen Korrektheit, ist er nicht mehr doof, sondern »intellectually challenged«. Das macht ihn zwar auch nicht klüger, aber man fühlt sich angenehm sensibel, wenn man es so formuliert.

Eine Kombination von hoher Arschlochizität und niedriger Intelligenz äußert sich überraschenderweise häufig im Drang, sich den Schädel kahlzurasieren[2], größere Mengen Bier zu sich zu nehmen, die Reichskriegsflagge zu schwenken und dabei nationalistische Parolen zu grölen.

Ein hoher IQ und ein niedriger AQ – diese erstrebenswerte Mischung kommt leider nicht sehr häufig vor. Albert Schweitzer ist die Ausnahme und nicht die Regel. Persönlichkeiten dieser Art werden von ihren Mitmenschen gerne mit Medaillen, Ehrendoktorhüten und langen Ansprachen geehrt, vorzugsweise erst dann, wenn sie schon tot sind und nicht mehr verlangen können, daß man ihnen nacheifert.

Am bedrohlichsten für die Menschheit wird es immer dann, wenn ein hoher IQ und ein hoher AQ zusammenkommen. Nichts ist so gefährlich wie ein hochintelligentes Arschloch.

Aber zum Glück sind die Goebbels so selten wie die Schweitzers. Die meisten von uns liegen irgendwo in der Mitte. Ein bißchen intelligent und ein bißchen arschlochhaft. Ein bißchen aus dem Kopf und ein bißchen aus dem Hintern. Ganz normale Menschen eben.

---

[2] Vielleicht liegt hier der unbewußte Versuch vor, die zu schwache Tätigkeit der Gehirnzellen durch Frischluftzufuhr anzuregen. Aber das ist – im Gegensatz zum Rest dieses Buches – keine streng wissenschaftliche Erkenntnis.

DIE A-MAJORITÄT
oder
Der nicht sehr erfreuliche Lehrsatz von der Mehrheit der Arschlöcher

Arschlochizität, das kann gar nicht oft genug betont werden, ist kein absoluter, sondern ein relativer Begriff. Arschlochhafte Züge haben wir alle, die einen mehr und die anderen noch mehr. IQ und AQ führen eine Koalitionsregierung. Die entscheidende Frage ist, welcher von beiden die Richtlinienkompetenz hat.

Führt der Kopf oder der Arsch das Regiment? Für einen einzelnen Menschen läßt sich das kaum beantworten. Die Selbsteinschätzung hilft da nicht weiter, denn wir alle neigen dazu, uns selber für ausnehmend vernünftig und alle anderen für ausnehmend unvernünftig zu halten. Einen unfehlbaren Arschlochdetektor wird es nie geben. Arschlöcher laufen noch nicht mal schreiend davon, wenn man ihnen Knoblauch oder eine Bibel hinhält.

Aber zum Glück gibt es die Statistik, die bei größeren Zahlen durchaus gültige Aussagen machen kann. Man darf ihre Aussagen nur nicht fälschlich auf Individuen beziehen wollen. Der Satz »Jeder dritte Mensch ist Chinese« besagt nun mal nicht, daß Tante Emma Schlitzaugen hat – trotz zweier älterer Geschwister.

Beim einzelnen Menschen wird die arschlocho-logische Analyse immer in eine Grauzone geraten. Selbst wer Herrn Schönhuber für den größten le-benden Politiker hält, kann auf anderen Sach-gebieten durchaus vernünftige Positionen vertre-ten.

Sobald wir über größere Gruppen reden, sieht das anders aus. Hier regiert die Statistik.

Bezeichnen wir der Einfachheit halber alle jene Menschen als Arschlöcher, auf deren Verhalten der A-Quotient einen größeren Einfluß hat als der I-Quotient. Dann ergibt sich folgender Lehrsatz:

In jeder Gruppe von Menschen liegt der Anteil der Arschlöcher immer über fünfzig Prozent.

Oder anders formuliert:

Die Arschlöcher haben immer die Mehrheit.

A > Nicht-A

NOCH MAL DIE A-MAJORITÄT
oder
Einladung zur Überprüfung des Lehrsatzes
im Selbstversuch

»Moment mal!« schreit der Herr aus der letzten Bank. »Ich weiß ja nicht, in welchen Kreisen *Sie* verkehren. Bei den Leuten, mit denen ich mich abgebe, stimmt das jedenfalls nicht. Oder wollen Sie ernsthaft behaupten, daß im Rotary-Club die Arschlöcher die Mehrheit haben?«

Ja, das will ich behaupten. Im Rotary-Club, im Automobil-Club, im Fußball-Club, bei den Schwarzen, bei den Roten, bei den Grünen, bei den Arbeitgebern und bei den Gewerkschaftern, bei den Hell's Angels und bei der Heilsarmee, im Zentralverband für die Förderung des Sanitär-gewerbes und in der Dachorganisation deutscher Kakteenzüchtervereine, in Bayern, in Hessen, in Mecklenburg-Vorpommern, im Osten und im Westen, im Penthouse und im Untergeschoß, in der Aubergine und bei McDonald's, unter Schön-heitsköniginnen und Fingerhaklern, Heteros und Schwulen, Toilettenfrauen und Ritterkreuzträgern – die Arschlöcher sind immer, immer in der Mehr-heit.

Mathematiker werden sofort einwenden, daß es dieser Aussage an der gebotenen Exaktheit man-gelt. »Die Mehrheit« – das ist doch keine wissenschaftlich exakte Angabe! Damit können wir uns nicht begnügen! Jede Menge teurer Computerstunden sind dafür aufgewendet worden, die Zahl Pi bis auf Tausende von Stellen nach dem Komma zu berechnen, da muß es doch möglich sein, bei einem so weltbewegenden Thema wie dem A-Quotienten genaue Zahlen zu liefern! Wie hoch ist er denn nun wirklich? Einundfünfzig Prozent? Fünfundsiebzig Prozent? Neunundneunzig komma neun Prozent?

Diese Fragestellung beweist nur, daß sich auch Mathematiker dem allumfassenden Walten des A-Quotienten nicht entziehen können. Eine exakte Quantifizierung ist nämlich in diesem Fall völlig unerheblich. Optimisten werden hoffnungsvoll vermuten, daß der Anteil der A-Typen nur ganz, ganz knapp über fünfzig Prozent liegt. Pessimisten werden düster auf bedeutend höhere Werte tippen, ja sogar die Meinung vertreten, daß der Anteil der A-Typen nahe bei hundert Prozent liegt.

(Bitte beachten Sie die streng wissenschaftliche Formulierung »A-Typen«. Dies ist schließlich ein anständiges Buch. Im privaten Gespräch können Sie sich natürlich drastischer ausdrücken. Dann sagt der Optimist: »Natürlich gibt es viele Arschlöcher auf der Welt, aber doch auch fast so viele vernünftige Menschen!«, während der Pessimist seine Meinung kurz und knapp formuliert: »Alles Arschlöcher – außer mir.«)

Ob man sich nun für den optimistischen oder für den pessimistischen Standpunkt entscheidet, an der grundsätzlichen Erkenntnis läßt sich nicht rütteln, und nur auf sie kommt es an: die Mehrheit der Arschlöcher ist eine unumstößliche, unausweichliche, unabwendbare Tatsache.

Sie zweifeln immer noch? Dann möchte ich Sie zu einem kleinen Selbstversuch einladen.

Auch Sie, verehrter Leser, gehören wie alle Menschen zu den verschiedensten Gruppen, selbst wenn Sie sich nie bewußt dafür entschieden haben, einer Gruppe beizutreten. Sie sind vielleicht Mitglied einer Gewerkschaft oder eines Sportvereins; Sie gehören zur Gruppe der Leute, die sich vor Rotlichtern in der Nase bohren, oder zur Gemeinschaft derer, die fest davon überzeugt sind, daß man mit zu engen Hosen schlanker aussieht; Sie sind After-shave-Benutzer, Europäer, Kreuzworträtsellöser, Goldfischzüchter, Bananenkonsument, Autofahrer, Hobby-Koch und so weiter und so fort.

Auch Sie, verehrte Leserin, sollen persönlich angesprochen sein. Sie haben sich vielleicht einer politischen Partei oder einer anderen Selbsterfahrungsgruppe angeschlossen; Sie gehören zu den Menschen, die ohne Handtasche nicht aufs Klo gehen können, oder zur Gemeinschaft derer, die unerschütterlich daran glauben, daß sich der Reifegrad einer Melone durch Betatschen

34

feststellen läßt; Sie sind Friseurkundin, Universitäts-absolventin, Richard-Clayderman-Hörerin, Eltern-beiratsmitglied, Raucherin, Bach-Blüten-Benutze-rin, Brillenträgerin, Zeitungsleserin und so fort und so weiter.

Greifen Sie nun für unser kleines Experiment wahllos eine der Gruppen heraus, zu denen Sie gehören. Irgendeine. Und jetzt beantworten Sie sich folgende Fragen:

Kennen Sie in dieser Gruppe kein einziges Arschloch? Besteht sie etwa – was wir doch nicht hoffen wollen! – ausschließlich aus Arschlöchern? Oder haben die Arschlöcher ganz einfach die Mehrheit?

Aha.

Verstehen Sie jetzt, was ich meine?

GELTUNGSBEREICH
oder
Über die demokratischen Aspekte des
A-Quotienten

Der Lehrsatz von der Mehrheit der Arschlöcher ist vielleicht nicht erfreulich, aber dafür zutiefst demokratisch. Er gilt für alle und jeden, zu jeder Zeit und überall. Das »Sapiens« im Gattungsnamen war schon immer ein Etikettenschwindel.

Er gilt auch, wenn Sie ein humanistisches Gymnasium besucht und darum den letzten Satz verstanden haben. Arschlochizität hat nichts mit Bildung oder Wissen zu tun. Man entkommt dem Wirken einer naturwissenschaftlichen Konstante weder durchs Abitur noch durch einen Doktortitel. Hundert Universitätsprofessoren weisen den selben A-Quotienten auf wie hundert Straßenkehrer. Sie brauchen nur mehr Fremdwörter, um ihn unter Beweis zu stellen.

Auch der soziale Status einer Gruppe hat keinen Einfluß auf den A-Quotienten. Man kann sich von ihm nicht freikaufen. Er ist so unparteiisch wie die Fliehkraft, die auf Rolls Royce und Manta nach den genau gleichen Gesetzen einwirkt. Auch wenn das mancher in der ersten Reihe von Bayreuth oder Salzburg nicht glauben wird: Brillanten machen nicht brillanter. Ob einer Schneckeneier bestellt, um sich als Gourmet zu profilieren, oder ob er Ketchup für eine vitaminspendende Gemüsebeilage hält – vom Kontostand und der Dicke des Portemonnaies ist nur die Art und Weise abhängig, in der sich der Arschlochismus individuell manifestiert. (Drei Fremdworte hintereinander. Das *muß* ein wissenschaftliches Buch sein.)

Die politische Meinung, die jemand vertritt, läßt auch keine Rückschlüsse auf AQ und IQ zu. Die Vorsehung hat in ihrer unerforschlichen Weisheit dafür gesorgt, daß es ebensoviele linke wie rechte Arschlöcher gibt. Sie leiern nur andere Parolen runter.

Der A-Quotient zeigt noch nicht mal signifikante geographische Verschiebungen. Fremdwortfrei gesagt: Die Leute sind überall gleich blöd. Die Ostfriesen, Appenzeller, Österreicher, Belgier, oder wem auch immer die Völkergemeinschaft gerade die Rolle des Dorfdeppen zugeteilt hat, können sich mit dieser Grenzenlosigkeit des AQ über die Witze hinwegtrösten, in denen sie sich beim Versuch, mit der Gabel zu essen, das Gesicht blutig stechen, oder aus dem Fenster klettern, weil Weihnachten vor der Türe steht. Arschlochland ist überall.

Und das Alter? Wird der Mensch nicht mit jedem Jahre seines Lebens reifer, klüger und verständiger? Tut mir leid, Herr Methusalem. Der A-Quotient steht auch in keiner Relation zur Menge der verbliebenen Haare. Daß der Mensch mit zunehmendem Alter nicht nur an Falten sondern auch an Weisheit gewinnt, ist eine fromme Lüge, mit der man über Arthritis und andere Zipperlein hinweggetröstet werden soll. Das einzige, was sich verändert: man schwärmt im Altersheim nicht mehr für David Hasselhoff. Die Begeisterung für ihn nimmt im gleichen Maße ab, wie die für Heino zunimmt. Der A-Quotient bleibt stabil.

Zum Schrecken aller Machos und Feministinnen – zwei Gruppen, die sich ähnlicher sind, als sie jemals zugeben würden – muß gesagt werden, daß arschlochmäßig gesehen auch keinerlei Unterschiede zwischen Männlein und Weiblein bestehen. Man möge mir deshalb verzeihen, wenn ich in diesem Buch darauf verzichte, politisch korrekt von ArschlochInnen zu reden. Fühlen Sie sich bitte trotzdem betroffen.

Denn der nächste Lehrsatz vom A-Quotienten lautet:

Der A-Quotient einer Gruppe ist unabhängig von Geschlecht, Alter, Nationalität, Hautfarbe, Bildungsgrad oder irgendwelchen anderen Eigenschaften.

A = A

HISTORISCHER EXKURS
oder
Der A-Quotient als konstante Größe in
der Weltgeschichte

Schon die alten Griechen...

(Eigentlich wollte ich in der Geschichte des A-Quotienten noch viel weiter zurückgehen, denn schließlich beginnt die Historie unserer Spezies schon mit einem Akt hochgradiger Arschlochizität: der Eintausch des Paradieses gegen einen Apfel. Aber in jedem anständigen wissenschaftlichen Werk steht irgendwann der Satz: »Schon die alten Griechen...«, und man will die Erwartungen seiner Leser ja nicht enttäuschen. Also:)

Schon die alten Griechen waren sich über das Wirken des A-Quotienten im klaren. Sie sahen die Welt von einem Götterhimmel regiert, in dem der Arschdenk genauso Triumphe feierte wie bei den Sterblichen.

Typisch für dieses realistische Weltbild ist die Story des trojanischen Krieges. Sie beginnt mit einer heute noch populären Lieblingsveranstaltung des praktizierenden Arschlochismus: mit einer Miss-Wahl. Drei Göttinnen wollen unbedingt Miss Olymp werden, und ganz im Stil von Las Vegas gewinnt diejenige, die dem einzigen Jurymitglied die Dienste eines hübschen Showgirls anbietet. Nach diesem von göttlich hohem

A-Quotienten zeugenden Vorspiel ist es nur folgerichtig, daß auch die Menschen sich von der Logik ihrer Gesäße leiten lassen, und erst einmal ausgiebig Krieg führen. Das zehnjährige Gemetzel, in dem es wohlgemerkt einzig und allein darum geht, dem Jurymitglied Paris das Showgirl Helena wieder abzujagen, endet mit dem Bauernfängertrick des trojanischen Pferdes, der auch nur funktioniert, weil sich die Belagerer darauf verlassen können, daß in Troja die Kopfdenker in der Minderheit sind. Und weil die alten Griechen wußten, was Sache ist, erfanden sie gleich noch die Figur der Kassandra, in der sich die Erkenntnis personifiziert, daß die Gabe des Durchblicks immer mit dem Fluch einhergeht, sich gegen die Mehrheit der Arschlöcher nicht durchsetzen zu können.[3]

Ich habe dieses Beispiel so ausführlich geschildert, um deutlich zu machen, daß der A-Quotient in allen Epochen der Menschheitsgeschichte immer gleich hoch war. Wenn Sie einen Beweis für diese These brauchen, dann empfehle ich Ihnen einen ganz einfachen Test: Nehmen Sie ein Ge-

---

[3] Es zeugt, ganz nebenbei bemerkt, von dem hohen A-Quotienten moderner Politiker, daß sie kritischen Einwänden gern mit der Aufforderung begegnen, der politische Gegner möge doch mit den Kassandrarufen aufhören. Sie lassen dabei völlig außer acht, daß Kassandra immer recht hatte. »Unterlassen Sie doch diese Kassandrarufe!« heißt also nichts anderes als: »Verschonen Sie mich gefälligst mit Tatsachen!«

schichtsbuch, schlagen Sie blind eine Seite auf und lesen Sie, was dort steht. Aber ich warne Sie: Geschichtsbücher sind eine deprimierende Lektüre.

Die Zeitlosigkeit der allgemeinen Arschlochizität geht auch aus der Tatsache hervor, daß in allen Zivilisationen immer wieder mal jemand mit dem Versprechen Erfolg hatte: »Jetzt müssen wir nur noch dies oder jenes tun, und dann wird sofort alles, alles gut.« Oder mit den Worten von Aldous Huxley: »Nur noch ein letztes unumgängliches Massaker von Kapitalisten oder Kommunisten oder Faschisten oder Christen oder Ketzern, und dann ist die goldene Zukunft erreicht.«

Die Heilsversprecher und ihre Anhänger haben ebenso unrecht wie die griesgrämigen Unheilspropheten, die lustvoll vom Niedergang aller Werte schwadronieren. Die Menschheit ist nicht hirn- oder kulturloser geworden, nicht einmal durch die Erfindung des Fernsehens. Der Bildschirm ermöglicht es uns nur, die allgemeine Hirn- und Kulturlosigkeit festzustellen, ohne aus dem Fenster sehen zu müssen.

Wer unter dieser Tatsache leidet, kann sich mit der Erkenntnis trösten: Schon die alten Griechen waren Arschlöcher. Der A-Quotient ist eine zeitlose Naturkonstante. Gegen den Arschdenk kämpfen Götter selbst vergebens.

GENESE DES ARSCHDENKS
oder
*Spekulation über die Frage, warum der
Kopf so wenig benutzt wird*

Die Dominanz der Arschlöcher ist ein irreversibles, ubiquitäres Faktum.

Das heißt zwar eigentlich nur »Es ist nun halt mal so« und hätte sich entsprechend auch einfacher formulieren lassen, aber ich möchte Sie regelmäßig durch eine geballte Ladung Fremdwörter daran erinnern, daß Sie hier ein wissenschaftliches Buch lesen und keine Jeremiade.

Es macht nämlich keinen Sinn – und ganze Bibliotheken voll kulturkritischer Werke beweisen nur diese Sinnlosigkeit – in laute Klagen darüber auszubrechen, daß Vernunft und Logik immer die zweite Geige spielen. Es ist einfach so, und Naturgesetze lassen sich auch mit den brillantesten Argumenten nicht verändern. Sie können die Schwerkraft noch so vernichtend kritisieren; wenn Sie Ihr Butterbrot loslassen, fällt es trotzdem auf den Teppich.

Den Arschlochismus zu bejammern ist keine Therapie, sondern ein Symptom. Versuchen wir lieber herauszufinden, *wieso* der Arsch im Regelfall dem Kopf überlegen ist. Da hat uns die Natur einen so schönen Computer eingebaut, und wir zählen lieber an den Fingern ab. Das muß doch einen Grund haben.

Es gibt viele Gründe. Einen davon haben wir schon als Kleinkinder kennengelernt, als wir zum ersten Mal probierten, runde, quadratische und dreieckige Plastikteile in die entsprechenden Öffnungen eines pädagogisch wertvollen Spielzeugs einzupassen. Spätestens nach dem dritten mißglückten Versuch haben wir die Plastikdinger in die Ecke gefeuert und so lange gebrüllt, bis Mutti mit den Keksen gerannt kam. Gelernt haben wir auch etwas dabei. Nicht, daß runde Klötzchen in runde Öffnungen passen. Das hat uns überhaupt nicht interessiert. Auch nicht, daß man mit Gebrüll zu Keksen kommt. Das wußten wir schon vorher. Sondern etwas viel Wichtigeres, etwas, was man im Leben wirklich brauchen kann: Denken ist anstrengend. Und wer strengt sich schon gerne freiwillig an?

Thomas Edison hat diese Tatsache so formuliert: »Es gibt nichts, was der Mensch nicht tun würde, um sich die Arbeit des Denkens zu ersparen.«

Der Weg zum Überblick geht immer bergauf. Manchmal gibt's ja geistige Höhenflüge, aber sie sind die Ausnahme. Meistens muß man kraxeln. Schritt für Schritt. Und überall am steilen Weg zur Erkenntnis hat der Arsch verlockende Ruhebänke plaziert, schön gemütlich im Schatten. Wer es sich auf ihnen bequem macht, kommt zwar nie auf den Gipfel. Aber, seien wir doch ehrlich: Die Pommes-Buden sind sowieso weiter unten.

Wer das Räsonnieren an den Arsch delegiert, profitiert von der Schwerkraft der eigenen geistigen Bequemlichkeit. Der Arsch macht's einem leicht. Statt mühseliger logischer Klimmzüge bietet er Abkürzungen. Der kürzeste Weg zwischen zwei Standpunkten ist immer der Trampelpfad vorgefaßter Meinungen. Es ist für jeden von uns verlockend, sich wohlig ins gemachte Bett der Fertig-Gedanken fallen zu lassen.

Der oft zitierte gesunde Menschenverstand ist im Arsch angesiedelt. Er sorgt für rote Backen, eine geregelte Verdauung und die wohlige Gewißheit, immer recht zu haben. Auch wenn man den größten Scheiß erzählt. Vor allem, wenn man den größten Scheiß erzählt. »Die Juden sind an allem schuld. Im Straßenverkehr werden immer nur die anderen totgefahren. Persil wäscht noch weißer.« Und so weiter und so fort.

Ihnen passiert das nie? Sie haben nie gesagt: »Chinesen sind einfach fleißiger als andere Völker«? Oder »Frauen haben mehr Einfühlungsvermögen als Männer«? Oder »Wenn man die Haare regelmäßig schneidet, wachsen sie schneller«? Wirklich nie? Sie denken jedesmal, bevor Sie was sagen? Sie bilden sich immer eine objektive Meinung? Sie haben überhaupt keine Vorurteile?

Gratuliere. Sie müssen mir bei Gelegenheit unbedingt mal erzählen, wie das war, als die Heiligen Drei Könige an Ihrer Krippe standen.

Sich ein Urteil zu bilden ist anstrengend. Vorurteile dagegen fallen leicht. Das allein schon verschafft dem Arsch einen riesigen Vorteil gegenüber dem Kopf. Und es ist keineswegs der einzige.

Der Arschdenk erspart uns nämlich nicht nur die Mühsal der Vernunft, er bewahrt uns auch noch vor anderen Unannehmlichkeiten. Wer will schon übers hohe Seil balancieren, wenn auch eine Fußgängerpassage mit Geländer auf die andere Seite führt? Mit dem hohen Seil, das ich hier so bildkräftig beschworen habe, meine ich das unsichere Gelände, auf das wir uns jedesmal begeben, wenn wir versuchen, einer Frage wirklich auf den Grund zu gehen.

»Der Zweifel«, sagt Voltaire, »ist kein angenehmer Gemütszustand«, und das Arschloch fügt hinzu: »... und warum sollte man sich Unannehmlichkeiten machen?«[4]

Wer sich mit Argumenten abgibt, läuft immer Gefahr, auf unvorhergesehene Sachverhalte zu stoßen, aus denen neue Schlüsse gezogen werden müssen. Wer mit dem Kopf denkt, muß auch mal seine Meinung ändern. Dem Arschdenker kann

---

[4] Bei Voltaire ging der Satz anders weiter: »... aber Gewißheit ist einfach lächerlich.« Doch das wollen wir für den Moment mal außer Betracht lassen. Es geht hier um die Phänomenologie des Arschlochs – und das nimmt sich immer so ernst, daß es ein bißchen Lächerlichkeit gar nicht bemerkt.

das nicht passieren. Er fängt praktischerweise immer gleich bei der Gewißheit an. Das ergibt ein sehr viel ordentlicheres und stabileres System als die umständliche Denkerei mit dem Kopf.

Nichts verschafft dem Menschen so viel Erleichterung, als wenn er Fragen gegen Antworten eintauschen kann. Ob die Antworten richtig sind, spielt dabei nur eine untergeordnete Rolle. Auch falsche Antworten befreien uns zunächst mal von der lästigen Pflicht, unsere Gehirnzellen weiter zu strapazieren.

Daran dürfte es auch liegen, daß die zunehmende Verwissenschaftlichung die Welt nicht zu größerer Vernunft geführt hat. Mehr Daten bedeuten immer auch mehr Zweifel. Und vor denen schützt man sich am besten mit einem simpel geschnitzten Amulett arschlochologischer Erklärungen.

Jeder Biologe, der mit dem Elektronenmikroskop nach einem neuen Serum sucht, wird durch tausend Wunschdenker kompensiert, die davon überzeugt sind, mit dem richtigen Kristall auf dem Nachttisch gegen alle Krankheiten gefeit zu sein. Für jede neue Entdeckung wird ein alter Aberglaube ausgegraben. Auf jeden Forscher kommt ein Guru. Der A-Quotient bleibt stabil.

DAS TABU
oder
Warum »Arschloch« immer ein
schmutziges Wort ist

Wir kommen nun zu der wichtigen Frage, warum auf die Aufforderung »Alle Arschlöcher, bitte aufstehen!« immer alle Arschlöcher sitzen bleiben. Die Antwort finden wir, wie bei allen Rätseln der Menschheit, im Fernsehprogramm.

So alle paar Wochen, jeweils am späten Abend, wenn sich nur noch Zuschauer vor der Glotze versammeln, die unter Schlaflosigkeit oder Intelligenz leiden, läuft auf irgendeinem Kanal die immer gleiche Diskussion.

In einem Corbusier-Sessel – alle Diskussions-Sendungen, in denen man sich nicht hinter einer Barriere stehend anschreit, sind gesetzlich zur Verwendung von Corbusier-Sesseln verpflichtet – thront ein prominenter Kulturkritiker in der betont lockeren Körperhaltung des Klassenprimus, der im Lexikon ein besonders tückisches Fremdwort nachgeschlagen hat und jetzt gleich den Lehrer danach fragen wird. Meistens heißt er Bazon Brock, aber selbst wenn es ein anderer ist, ist es doch derselbe. Herausfordernd mit dem Fuß wippend stellt er die These auf, daß die Bevölkerung dumm gemacht werde, und zwar wahlweise durch Volksmusik, Waschmittelwerbung, Wahlpropaganda oder einen anderen aktuellen Watschenmann.

Durch den so aufgestellten Ring springen daraufhin die angesprochenen Volksmusikanten, Waschmittelwerber und Parteigeneralsekretäre, indem sie wortreich erklären, daß ihre Aktivitäten selbstverständlich überhaupt keine Volksverdummung bezweckten, sondern einzig und allein das größere Glück der Menschheit zum Ziel hätten.

Die Damen und Herren von der Jodelzunft, die Brust unterm bestickten Trachtenjanker vor Empörung gebläht, blicken dabei so sehnsuchtsvoll in die Kamera, als ob sie gleich anheben wollten, vom kleinen Bergkirchlein zu singen, wo man Trost für alle seine Leiden findet. »Seele«, sagen sie. »Der Mensch hat auch eine Seele, aber das können *Sie* natürlich nicht verstehen.« Der Kulturkritiker lächelt mitleidig.

Die Werber tragen originelle Krawatten und erklären sich zu bescheidenen Dienern des allmächtigen Konsumenten, dem sie mit ihren Spots und Inseraten doch nur helfen wollten, sich über die Meriten der verschiedenen Waschmittel ein unbeeinflußtes Bild zu machen. Dann schieben sie ihre Brille auf die Nasenspitze und lassen eine in längerem Brainstorming erarbeitete spontane Pointe los. Der Kulturkritiker grinst, aber nicht, weil die Pointe so gut war.

Die Politiker – ohne originelle Krawatten, höch

stens ab und zu mit einer neckischen Fliege – salbadern routiniert vom mündigen Bürger, vom Verfassungsauftrag der Parteien und von der Notwendigkeit, im Wahlkampf auf einen groben Klotz einen groben Keil zu setzen. »Aha«, sagt darauf der Kulturkritiker, »Sie geben also zu, daß Sie die Leute für dumm verkaufen wollen!« Und dann beginnt das ganze Theater von vorn.

Wie gesagt, diese Diskussionssendung geht alle paar Wochen über irgendeinen Sender. Und dabei wäre es so einfach, den Streit ein für allemal zu beenden und damit den Sendeplatz für sinnvollere Programme, wie zum Beispiel das Testbild, freizumachen. Es müßte nur mal jemand sagen: »Lieber Herr Kulturkritiker, Ihre Frage ist falsch gestellt. Wir richten uns ja gar nicht an den Kopf der Leute, sondern an ihren Arsch, und dort kann man nichts verdummen. Die Arschlöcher sind in der Mehrheit – und es wäre doch höchst undemokratisch, wenn wir für diese Mehrheit nicht genau *die* Volkslieder, *die* Waschmittelspots und *die* Wahlplakate produzieren würden, die ihrem A-Quotienten entsprechen.« Kurz und bündig formuliert: »Ein Arschloch kann man nicht mehr arschlochifizieren.«

Warum sagt das keiner?

Weil sich Kulturkritiker und Trachtenjanker, originelle Krawatten und dunkelgraue Anzüge auf der Stelle miteinander verbünden würden, um ihn niederzuknüppeln und niederzuschreien. Geteert und gefedert, ertränkt in Gift und Galle, gebrandmarkt als menschenverachtender Zyniker würde er in die Kulisse wanken, auf ewige Zeiten ausgeschlossen aus dem erlauchten Kreis der telegenen Vordenker der Nation. Und einer nach dem andern würden sie ihn dann zur Seite nehmen und ihm ins Ohr flüstern: »Sie haben ja *so* recht, natürlich sind das alles Arschlöcher. Aber das darf man doch nicht öffentlich sagen!«

SUBKUTANE LIMPIDISIERUNG
oder
Die Attraktion von Klugscheißereien auf Arschlöcher

Sie finden, ich übertreibe? Find ich nicht. Und ich habe einen Beweis für meine Theorie. Wenn sie sich an die Köpfe richten wollten und nicht an die Ärsche, warum begraben dann Zeitungsschreiber tausend Hungertote auf dem Friedhof der vermischten Meldungen und halten die Titelseite für die Bettgeschichten eines Starlets frei? Warum führen Politiker den Kampf um die Lufthoheit über den Stammtischen mit verbalen Stinkbomben statt mit Argumenten? Warum argumentieren die Werber für die Qualität ihrer Produkte mit der Oberweite ihrer Models?

Weil sie sich alle so direkt an die Ärsche wenden wie eine Hämorrhoiden-Salbe. Sie geben es nur nicht zu. Und das mit gutem Grund.

Die Dominanz der Arschlöcher ist eines der großen Tabus unserer Gesellschaft. In dem System, in dem wir leben, ist es völlig okay, die Leute so zu behandeln, als ob sie ihr Gehirn im Leihhaus abgegeben und vergessen hätten, es wieder abzuholen – aber man muß dabei pausenlos behaupten, für wie intelligent man sie doch halte.

»Niemand ist je pleite gegangen, weil er das Publikum *unter*schätzt hat«, soll der amerikanische

Zirkuskönig P. T. Barnum mal gesagt haben. Er sagte es bestimmt nicht öffentlich. Auf seinen Plakaten forderte er den »an Bildung interessierten Bürger« auf, »ein faszinierendes naturwissenschaftliches Phänomen, das an allen großen Universitäten des Landes diskutiert wird, persönlich in Augenschein zu nehmen und sich eine eigene Meinung darüber zu bilden«. Damit lockte er viel mehr sensationslüsterne Besucher in sein Monstrositätenkabinett als wenn er plakatiert hätte: »Für zehn Cents können sie sich eine sehr dicke Frau ansehen, und für weitere fünf Cents dürfen Sie ihr sogar in die Wade kneifen.«

Es ist ein faszinierendes Phänomen, wie P. T. Barnum sagen würde, daß der Appell an den Verstand immer dort am besten funktioniert, wo der Verstand nicht die entscheidende Rolle spielt. Der Mensch läßt sich am besten verarschen – o Volksmund, du hast es mal wieder gewußt! –, wenn man ihn dabei im Glauben läßt, beim nächsten Klingeln seines Telefons müsse das Nobelpreiskomitee an der Strippe sein.

Beispiele gefällig? Mit Vergnügen.

Welche Frau würde sich eine sündhaft teure parfümierte Pampe in die Falten kleistern, wenn ihr für den Wucherpreis nicht ein paar Hokuspokus-Begriffe wie »subkutane Limpidisierung« oder »regenerativer Mineralkomplex« mitgeliefert würden? Für das angenehme Gefühl, so schwierige Fremdwörter tatsächlich verstanden zu haben, kann man so ein Cremetöpfchen schon mal mit Gold aufwiegen. Da spielt es dann auch keine Rolle, daß das Fremdwort gerade erst von der Werbeabteilung kreiert wurde. »Mißbrauch eines zu diesem Zwecke erfundenen Vokabulars« nannte das Tucholsky.

Oder wer wäre bereit, einer Sekte fünfzigtausend Mark für Platitüden in der Größenordnung von »Es geht dir nur besser, wenn es dir besser geht« zu bezahlen, wenn ihm nicht gleichzeitig versichert würde, er habe sich mit seinen so abgezockten Ersparnissen die Mitgliedschaft in einer exklusiven Eliteorganisation erkauft, die nur den fortschrittlichsten Geistern des Jahrhunderts offenstehe? Für so ein Versprechen kann man schon mal auf die Frage verzichten, warum die fortschrittlichsten Geister des Jahrhunderts nichts Besseres zu tun haben, als in zerknautschten Jeans am Bahnhof zu stehen und Passanten anzusprechen.

Bratpfannen verkaufen sich besser, wenn man ihre Beschichtung als »Produkt der Weltraumforschung« bezeichnet und so jedem Hobbykoch die Möglichkeit gibt, sich als Wernher von Braun zu fühlen, bloß weil ihm das Spiegelei nicht anbrennt. Schauspieler in weißen Kitteln empfehlen Zahnpasta mit so viel pseudomedizinischem Brimborium, daß jeder Zähneputzer sich für Paracelsus halten kann, oder doch für Professor Brinkmann. Und Politiker ...

Politiker sind die absoluten Meister darin, direkt zu den Ärschen zu sprechen und gleichzeitig zu behaupten, sie hätten den Kopf gemeint. Sie sind Hämorrhoiden-Spezialisten, die sich als Gehirnchirurgen ausgeben und sich manchmal sogar tatsächlich dafür halten. Zwar sind sie mit ihrem Gelaber über den mündigen Bürger etwa so überzeugend wie Chemiekonzerne, die sich als Vorreiter der Ökologie, oder Zigarettenhersteller, die sich als Kämpfer für die Volksgesundheit ausgeben. Aber die Leute scheinen es ihnen abzunehmen.[5]

Die selben Politiker, die ihren Wahlkampf mit Leerformeln wie »Wir packen es an!« oder »Für eine gesicherte Zukunft!« bestreiten, behaupten ohne rot zu werden, daß sie damit an die Vernunft ihrer Wähler appellieren wollen. Sie prägen Sätze wie »Freiheit oder Sozialismus« – rein logisch betrachtet etwa so sinnvoll wie die Aussage »Blumenkohl oder Klavierkonzert« –, gewinnen damit Wahlen und rühmen anschließend die Intelligenz des Stimmviehs. Niemand lobt die politische Reife des Staatsvolkes so oft wie ein Diktator mit garantierten neunundneunzig komma neun Prozent Wählerstimmen.

---

[5] Ich habe diese Vergleiche keineswegs zufällig gewählt. Nichts ist grüner als ein Chemiekonzern in seiner eigenen Broschüre. Und niemand war je gesünder als der Marlboro-Mann, bevor er an Lungenkrebs starb.

Je arschlochhafter einer argumentiert, desto häufiger betont er, die modernsten wissenschaftlichen Erkenntnisse auf seiner Seite zu haben. Diese Beobachtung ist so zuverlässig, daß man sie umdrehen und als politischen Lackmustest verwenden kann: Wählen Sie keinen Politiker, der in jedem zweiten Satz von »Wissenschaftlichkeit« und »Vernunft« spricht! Außer natürlich, Sie möchten gerne von einem Arschloch regiert werden.

Aber reden wir nicht nur von Politik, obwohl sich das Thema in einem Buch, das die verschiedenen Aspekte der Archlochizität behandelt, natürlich nicht auf die Dauer vermeiden läßt. Wir kommen darauf zurück. Versuchen wir aber im Moment lieber festzustellen, *warum* Arschlöcher immer mit besonderer Begeisterung auf Leute reinfallen, die ihnen einreden, sie wären keine.

Das bringt uns zu einem Lehrsatz – bitte machen Sie sich wieder zum Mitschreiben bereit! – der zwar falsch ist, aber trotzdem ganz selbstverständlich von jedem Menschen geglaubt wird. Von mir auch. Genauso wie von Ihnen, verehrter Leser. Ganz egal, mit welcher Software der Arschcomputer gerade betrieben wird, *ein* Axiom steht immer für ihn fest. Es scheint in der Hardware fest eingebaut zu sein.

Und so lautet dieses Axiom:

Die Arschlöcher sind immer
die anderen.

Oder wie Kinky Friedman das formuliert hat:

Assholes are people who don't know
that they are assholes.[6]

A ≠ A

---

[6] Wenn Sie die schrägen Kriminalromane von Kinky Friedman nicht kennen, brauchen Sie sich nicht zu schämen. Aber Sie verpassen was.

GRUPPENPHÄNOMENE
oder
Warum man dem A-Quotienten auch in
Gruppen nicht entfliehen kann

Für die eigene Arschlochizität ist jeder blind. Wir alle sind felsenfest davon überzeugt, daß die andern die Regel sind, wir aber die Ausnahme. Bestenfalls – und auf diese Bescheidenheit sind wir dann immer sehr stolz – räumen wir die Möglichkeit ein, daß wir eventuell nicht die einzige Ausnahme sein könnten.

Und was liegt dann näher, als daß wir uns mit anderen Nichtarschlöchern zusammentun, um gemeinsam das Wahre, Schöne, Gute zu pflegen? Der Urtrieb des Menschen, sich in Verbänden aller Art zu organisieren, ist nichts anderes als der Versuch, sich im Schutz eines geschlossenen Kreises dem unerbittlichen Walten des A-Quotienten zu entziehen.

Wer den Arschlöchern entgehen will, tut sich mit Nichtarschlöchern zusammen – oder zumindest mit denen, die er dafür hält. Dieser Reflex spielte natürlich auch schon, bevor das bahnbrechende Buch, das Sie in Händen halten, die Naturgesetze der Arschlochizität formulierte, eine Rolle. Wenn's kalt wurde, hat man sich schon immer die Hände gerieben, auch ohne die physikalischen Theoreme über Reibungswärme zu kennen.

Vermutlich saßen schon im Neandertal drei Höhlenmenschen um ein Feuer, nagten an einem Mammutknochen, wiegten bedächtig die Köpfe, und dann sagte einer: »Wißt ihr was, Leute? Außer uns dreien gibt es doch nur Volltrottel. Keiner von denen wird je das Rad erfinden. Ich schlage vor, wir treffen uns jeden Mittwoch nach Sonnenuntergang in der Fledermaushöhle und bringen dort gemeinsam die Evolution voran.« Und dann wählten sie einen Ersten Vorsitzenden, einen Zweiten Vorsitzenden und einen Kassierer und waren ein Verein.[7]

Jeder Verein, vom Karnevals-Club bis zum Christentum, ist auf diese Weise entstanden. Ganz egal ob »Halleluja« oder »Helau« auf seiner Fahne steht, ob seine Mitglieder die Jagd auf Mammuts oder die Rettung der gefleckten Spitzohreule betreiben, ob es um das Sammeln von Briefmarken oder um die Förderung des Haschischrauchen-ist-ein-Menschenrecht-Gedankens geht, der eigentliche Sinn und Zweck eines Vereins besteht immer darin, exklusiv zu sein. »Exklusiv« heißt »ausschließend« – und wer anderes soll ausgeschlossen werden als die Arschlöcher?

---

[7] Ich kann natürlich nicht beweisen, daß es so gewesen ist. Aber eine Tatsache scheint dafür zu sprechen: die Neandertaler sind kurz darauf ausgestorben.

Die perfekteste Form, dieses Ziel zu erreichen, ist logischerweise ein Verein mit nur einem Mitglied.

»Quatsch«, unterbricht mich der Streber aus der letzten Bank, »ein Verein mit einem einzigen Mitglied? So was gibt's doch gar nicht!«

»Haha«, antworte ich ihm triumphierend, »Sie haben wohl noch nie was von Einsiedlern gehört?«

»Da habe ich nicht dran gedacht«, sagt der Streber kleinlaut und verkriecht sich hinter sein Notizbuch. Es gibt nichts Schöneres als ein Rededuell mit einem imaginären Gegner. Man gewinnt immer.

Ein Eremit ist ein Mann, der den exklusivsten aller Vereine gegründet hat, um von der Arschlochizität der anderen Menschen nicht infiziert zu werden. Es ist zwar relativ langweilig, sich in die Einsamkeit zurückzuziehen und dort Heuschrecken zu knabbern, aber dafür stehen die Chancen, später einmal heiliggesprochen zu werden, gar nicht schlecht. Und was ist eine Heiligsprechung anderes als die weihrauchgeschwängerte Mitteilung: »Siehe, dieser war kein Arschloch?«

Bei einem allein kann's vielleicht noch klappen. Sobald mehrere zusammenkommen, geht die Sache mit Sicherheit schief. Das wußte schon Friedrich Schiller: »Jeder, sieht man ihn einzeln, ist leidlich klug und verständig; sind sie in corpore, gleich wird euch ein Dummkopf daraus.«

Nehmen wir an, Sie, verehrter Leser, der Sie selbstverständlich (wie alle anderen Menschen auch) fest überzeugt sind, kein Arschloch zu sein, hätten beschlossen, einen handverlesenen Elitezirkel zu gründen, in den nur aufgenommen werden kann, wer seine Nichtarschlochizität unter Beweis stellt. Nehmen wir weiter an, es sei Ihnen gelungen, einen Test auszuarbeiten, der den A-Quotienten jedes Beitrittskandidaten fehlerfrei mißt, und Sie hätten es tatsächlich geschafft, nur Bewerber mit einem AQ von Null komma null aufzunehmen. Setzen wir das Gedankenspiel fort und behaupten wir, sie hätten mit dieser Methode zwölf Mitglieder gefunden und mit ihnen die Vereinigung der NSMs (Nicht-Schließmuskel) gegründet. Was wäre die Folge?

Zunächst einmal hätte diese Gruppe Erfolg, ganz egal, in welchem Bereich sie sich betätigte. Ein geringer AQ macht tüchtig. Die NSM-Atomphysiker würden alle als Namensgeber für neuentdeckte Materiebausteine in die Wissenschaftsgeschichte eingehen; die NSM-Kaninchenzüchter würden sämtliche Preise für belgische Schlappohren, oder wie die überzüchteten Scheusale heißen, abräumen; die NSM-Philosophen würden Aristoteles und Heidegger ganz neue Kunststücke beibringen. Kein Zweifel: sie hätten Erfolg.

Zunächst.

Und damit wäre ihr Niedergang schon besiegelt.

Denn jede Gruppe, die erfolgreich operiert, zieht neue Mitglieder an. Sie würden in Schlangen vor der Türe stehen, sich gegenseitig die Anmeldeformulare aus den Händen reißen und alles tun, um in den erlauchten Kreis der NSMs aufgenommen zu werden. Und früher oder später würden die Hüter des minimalen A-Quotienten Kompromisse machen.

Oh, sie hätten bestimmt jedesmal gute Gründe dafür. Da müßte ein Politiker aufgenommen werden, dem zwar eine gewisse, minimale Arschlochizität bei genauer Betrachtung nicht ganz und gar abzusprechen wäre, der aber mit seinen Beziehungen der guten Sache wichtige Dienste leisten könnte. Oder da hätte ein Vereinsmitglied einen Sohn, bei dessen Aufnahme man – wer hätte dafür kein Verständnis? – schon das eine oder andere Auge zudrücken sollte. Und dann wäre da noch der Mann, der für einen Platz auf der Mitgliederliste gerne eine Million lockermachen würde. Oder sogar zwei, wenn er dafür auch noch eine bronzene Gedenktafel im Speisesaal kriegt.

Die Gruppe würde größer, noch ein bißchen größer, und früher oder später wäre sie wieder genau gleich zusammengesetzt, wie die Menschheit als Ganzes.

Und damit haben wir einen weiteren Lehrsatz gefunden:

Je größer eine Gruppe wird, desto wahrscheinlicher wird es, daß die Arschlöcher darin die Mehrheit haben.

Gruppe A > Gruppe Nicht-A

ENTROPIE DER IDEEN
oder
Über die Verflachung von Ideen als
Voraussetzung für ihren Erfolg

Mit diesem Satz kann man schon eine ganze Menge erklären. Vor allem macht er deutlich, warum jeder Erfolg immer schon den Keim des Scheiterns in sich trägt. Oder, um es weniger hochtrabend zu formulieren, warum es den Bus immer genau dann aus der Kurve trägt, wenn er voll besetzt ist.

Eine Idee mag noch so brillant sein – je mehr Menschen sie sich zu eigen machen, desto mehr wird sie verflacht, verwässert, vereinfacht, um alle Ecken und Kanten gebracht, kurz: arschlochifiziert. Wenn eine Weltanschauung erst einmal allgemein akzeptiert ist, schaut niemand mehr damit die Welt an. Populär gewordene Ideen bilden den ursprünglichen Einfall etwa so genau ab, wie ein gartenzwergbesetzter Schrebergarten den Park von Versailles.

Vom Erhabenen zum Lächerlichen ist es eben nicht ein Schritt, sondern sind es jede Menge kleiner Schrittchen, und die letzten werden meist im Marschrhythmus gegangen. Auch das mächtigste Gedankenbauwerk wird Stein für Stein zur geistigen Hundehütte umgestaltet, an der nur noch das Türschild gleich geblieben ist. Wenn jemand die Relativitätstheorie damit erklären will, daß es relativ heiß sei, wenn man sich mit dem nackten Hintern auf die Herdplatte setzt, dann ist das nur scheinbar ein Witz. Ungefähr so stellen sich alle großen Erkenntnisse dar, wenn sie erst mal populär geworden sind.

Die geballte Macht des kollektiven Arschdenks schafft es dabei problemlos, den Kontrast zwischen ursprünglicher Genialität und real existierendem Flachsinn souverän zu übersehen. Die Vereinsmitglieder berufen sich immer noch auf die Satzung, auch wenn sie den Vereinszweck schon lange geändert haben. Kein panzersegnender Militärpfaffe spürt noch eine Irritation, wenn er »Selig sind die Friedfertigen« zitiert, und auch die privilegiertesten Nomenklatura-Mitglieder versicherten im Brustton der Überzeugung, sie seien Kommunisten und damit eifrige Vorkämpfer für die Gleichheit aller Menschen.

Die Dominanz der Arschlöcher in jeder Gruppe sorgt dafür, daß erfolgreiche Ideen arschlochifiziert und damit unwirksam gemacht werden. Man könnte diesen Gedanken allerdings auch umdrehen und so formulieren: »Keine Idee setzt sich durch, bevor sie nicht auf der Ebene der Arschlöcher angekommen ist.« Was dabei Ei und was Huhn ist, wird sich nie klären lassen. Aber bestätigen läßt sich die zweischneidige Beobachtung quer durch alle Zeiten und Fachgebiete. Eine geistige Strömung, die sich durchgesetzt hat, ist auch schon im Arsch; und erst wenn sie im Arsch ist, kann sie sich allgemein durchsetzen.

Oder, um einen Satz von Dürrenmatt zu variieren: »Eine Idee ist dann zu Ende gedacht, wenn sie die größtmögliche Plattheit erreicht hat.« Auch was mit zwölf Aposteln beginnt, endet unweigerlich irgendwann im Geschäftsordnungsantrag eines Vereinsmeiers.

IMPLOSION
oder
1. Annäherung an den Satz von der
Instabilität untypischer A-Quotienten

Aber wäre nicht rein theoretisch eine Gruppe denkbar, die sich durch bewußte Anstrengung dieser Gefahr entzieht? Kann man sich nicht einen Kreis von Nicht-Arschlöchern vorstellen, der es geschafft hat, seinen A-Quotienten nahe bei Null zu halten?

Denkbar ist alles, und vorstellen kann man sich auch einen Goldfisch, der zigarrerauchend die Champs Élysées entlang spaziert. Doch die Verhältnisse, sie sind nicht so.

Die statistischen Gesetzmäßigkeiten des Arschlochismus machen eine Vereinigung von lauter kopfdenkenden Menschen schon höchst unwahrscheinlich. Vollends unmöglich wird sie aus einem anderen Grund: dem reflexartigen Haß, mit dem Arschlöcher alle verfolgen, die nicht ihresgleichen sein wollen. Der Satz »Die wollen wohl etwas Besseres sein?« wird immer in aggressivem Tonfall gesprochen. Er ist der Schlachtruf der Arschlöcher gegen all jene, die den unverzeihlichen gesellschaftlichen Fauxpas begehen, keine sein zu wollen.

Sollte eine Gruppe von NSMs versuchen, ihre Exklusivität zu verteidigen und alle anderen draußen vor der Türe zu lassen, dann würde diese Türe bald mit Gewalt aufgebrochen. Die Natur toleriert kein Vakuum und Arschlöcher tolerieren keine arschlochfreie Zone. Wer keine Zipfelmütze tragen will, wird von den Gartenzwergen niedergemacht.

Bevor der Herr aus der letzten Bank widersprechen kann: Natürlich werden außergewöhnliche Menschen auch bewundert. Aber die Bewunderung gilt nicht deren Leistungen. Die sind den Zipfelmützenträgern, die den eigenen Gartenzaun mit dem Horizont verwechseln, sowieso nicht einsichtig. Nein, was die leider ganz und gar nicht schweigende Mehrheit an den Großen dieser Welt so gern und so laut bewundert, sind deren – meist nur vermeintliche – arschlochhafte Züge. Man verzeiht einem Professor sogar die klügsten Bücher, wenn er nur genügend schusselig ist und überall seinen Regenschirm stehen läßt. »Einstein ist lieb«, sagt der Volksmund, »denn seine Haare waren immer so zerzaust, und einmal hat er sogar die Zunge rausgestreckt.«

Was bei Einstein noch ein Mißverständnis war, ist unterdessen zur Pflichtübung geworden. Das Medienzeitalter mit seiner Fähigkeit, Vorurteile live zu senden, verlangt den öffentlichen Kotau vor dem Gartenzwerg. Politiker demonstrieren ihre Befähigung zu höchsten Ämtern durch reihenweises Babyküssen; Buchautoren wetten vor einem

Millionenpublikum darauf, daß es möglich sei, ein weiches Ei per Baggerschaufel zu köpfen; und Schauspieler sind sowieso zu jeder Erniedrigung bereit, wenn es nur ihre Beliebtheit fördert – eine Beliebtheit bei Menschen, notabene, die sie sich selbst niemals freiwillig zum Abendessen einladen würden.

Es ist pure Selbstverteidigung, was sie zu diesen Kapriolen treibt. »Jeder Erfolg, den du erzielst, schafft dir einen Feind«, sagte Oscar Wilde. »Wenn du beliebt sein willst, mußt du mittelmäßig sein.«[8] Und diese Mittelmäßigkeit beweist man am besten durch einen Auftritt als Dödel der Nation.

Was dabei tatsächlich unter Beweis gestellt wird, ist natürlich nichts anderes als die eigene Arschlochizität – oder Menschlichkeit, wie ›Bild‹ dieselbe Eigenschaft in seltener Einsicht bezeichnet. Erst bemühen sie sich ein Leben lang, etwas Besonderes zu werden, und dann spielen sie den Affen, um darzutun, daß sie ganz gewöhnliche Menschen sind. Nur nicht herausragen, was die wörtliche Bedeutung von »prominent« wäre, denn wer herausragt, riskiert, einen Kopf kürzer gemacht zu werden. »Tut mir nichts«, scheinen sie zu flehen, während sie den Medien-Hampelmann spielen, »tut mir nichts, ich bin ja einer von euch!«

---

[8] Noch kürzer hat es Ambrose Bierce formuliert: »Erfolg ist die einzige Sünde, die einem die Mitmenschen nie vergeben.«

(Oder eine von euch. Wer je Alice Schwarzer in einer Spielshow Heiterkeit absondern sah, ist auf immer vom hoffnungsvollen Vorurteil geheilt, Frauen seien zumindest in dieser Beziehung vernünftiger als Männer.)

Noch viel gefährdeter als ein Einzelner, der durch öffentlich zur Schau getragene Nicht-Arschlochizität auffällt, ist eine ganze Gruppe von NSMs. Sich nach außen abzuschotten, hilft da gar nichts. Im Gegenteil, es macht erst recht verdächtig. Wer sich nicht mit Krethi und Plethi – oder, wie Karl Kraus das so endgültig formuliert hat: mit »Kretin und Pletin« – gemein machen will, wird zum Abschuß freigegeben. Hinrichtungsgrund: Er wollte was Besseres sein.

Dieser Mechanismus ist so zuverlässig, daß sich die Demagogen aller Zeiten seiner bedient haben, um Menschen, bewaffnet mit Totschlägern oder ebenso mörderischen schwarzen Listen, aufeinander loszuhetzen. Joseph McCarthy blies damit zur frischfröhlichen Hatz auf Kommunisten, und dem Verfasser der *Protokolle der Weisen von Zion* gelang sogar der Beweis, daß eine Gruppe nicht einmal wirklich existieren muß, um bekämpft zu werden.

Nein, eine Gruppe mit dauerhaft niedrigem A-Quotienten kann nicht überleben. Früher oder später implodiert sie unter dem Druck des sie umgebenden Ozeans von Arschlöchern.

EXPLOSION
oder
2. Annäherung an den Satz von der
Instabilität untypischer A-Quotienten

Eine Gruppe mit zu hohem A-Quotienten dagegen läßt ihren Überdruck auf die Umwelt los. Sie *ex*plodiert.

Die absolute Gewißheit, recht zu haben – Sie erinnern sich: Arschlöcher zweifeln nie an sich selbst –, inspiriert sie unweigerlich zu Kreuz- und Hakenkreuzzügen. Je verquaster eine Weltanschauung, desto stärker das damit verbundene Bedürfnis, sie anderen einzubleuen. Wer nicht dran glauben will, muß dran glauben.

Dabei ist es vollkommen egal, worin diese Weltanschauung besteht. Das wahre Arschloch ist bereit, für jeden Scheiß auf die Barrikade zu steigen. Man muß ihm bloß versichern, daß sich auf dieser Barrikade nur die Besten der Besten versammeln. Je höher der AQ, desto größer die Bereitschaft, sich für einen Herrenmenschen zu halten. Schlagende und totschlagende Argumente dafür lassen sich allemal finden. Sie brauchen noch nicht mal sinnvoll zu sein. Den Arsch überzeugt am meisten das Kommando »Im Gleichschritt, marsch!«.[9]

---

[9] Ganz nebenbei bemerkt: die Tatsache, daß sich »Marsch« auf »Arsch« reimt, ist eine besonders feine Pointe von Mutter Sprache.

In dieser Hinsicht gibt es keinen Unterschied zwischen der Schlägerbande, die Passanten anrempelnd durch die Innenstadt zieht, und der faschistischen Armee, die unter klingendem Spiel im Nachbarland einmarschiert. Beide verleihen dem teilnehmenden Arschloch das höchst angenehme Gefühl, keines zu sein. (Ein Gefühl übrigens, daß sich durch größere Mengen Bier noch verstärken läßt. Es marschiert sich einfach besser, wenn einem eine Fahne voranflattert.)

Krieg ist nicht die Fortsetzung der Politik mit anderen Mitteln. Er ist Politik mit den Mitteln des Arschlochs. Wo der A-Quotient zu hoch steigt, donnern früher oder später die Kanonen los. Der Trümmerhaufen, den sie hinterlassen, begräbt zuverlässig auch die, die ihn begonnen haben.

Eine Gruppe mit zu hohem AQ hat also auf die Dauer genausowenig Überlebenschancen wie eine Gruppe mit zu niedrigem. Als Lehrsatz:

**Eine Gruppe wird desto unstabiler,
je weiter ihr A-Quotient von dem der
gesamten Menschheit entfernt ist.**

POLITIK UND A-QUOTIENT
oder
Betrachtungen über die Überlegenheit der
Demokratie als Staatsform

Der Lehrsatz von der Instabilität untypischer A-Quotienten hat eine ganze Menge praktischer Anwendungen. Man kann damit zum Beispiel erklären, warum die Demokratie die beste Staatsform ist, oder doch zumindest – um Winston Churchill zu zitieren – »die schlechteste mit Ausnahme aller anderen«.

Wer, außer einem von Nationalismus, Militarismus oder einer anderen Gedankendroge benebelten Arschloch, möchte schon freiwillig in einem unstabilen Staatswesen leben? Was Politik anbelangt, ist Langeweile ein höchst erstrebenswerter Zustand. Es schadet gar nichts, wenn öffentliche Institutionen ein bißchen Staub ansetzen. Regierungen müssen keine Designer-Preise gewinnen, sondern dafür sorgen, daß die Bahnen pünktlich fahren.

Wer Aufregung braucht, soll ins Kino gehen. Es lebt sich nicht sehr gut in Staaten, wo bei jeder Koalitionsverhandlung *High Noon* gespielt wird. Wo sich Politiker wie Filmstars benehmen, wird der Bürger zur Kasse gebeten. Die alten Chinesen wußten schon, warum ihre perfideste Verfluchung der freundliche Wunsch war: »Mögest du in interessanten Zeiten leben«.

Es gibt nichts Staatserhaltenderes als die Durchschnittlichkeit. Wer's nicht glaubt, soll die Schweiz studieren, wo sich die Richtigkeit dieser These unter dem Mikroskop – oder doch zumindest unter der Käseglocke – beobachten läßt. Man nennt dieses Land zu Recht »Wiege der Demokratie«, denn was ist es, was man an Wiegen so schätzt?

Richtig: ihre einschläfernde Wirkung.

Hier ist das Volk der Souverän und wählt sich die Vertreter, die ihm entsprechen.[10] Dabei entscheidet es sich souverän immer für das Unspektakuläre, Durchschnittliche, Langweilige. Das ist keine Kritik, sondern ein Lob. Gartenzwerge führen zwar kein aufregendes Leben, aber sie sind wetterfest.

Die Schweiz hat keine großen Männer, oder sie sorgt zumindest dafür, daß sie nicht an die Regierung kommen. (Große Frauen haben schon gar keine Chance, was daran liegt, daß in der Schweiz das neunzehnte Jahrhundert langsamer zu Ende geht als anderswo.) Wer wirklich was zu sagen hätte in diesem Land, der hat in diesem Land nichts zu sagen.

---

[10] Volksvertreter sind, wie Bertrand Russell nachgewiesen hat, sogar immer ein bißchen intelligenter als ihre Wähler. »Dümmer als ihre Wähler können sie gar nicht sein, denn ganz egal wie dumm ein Parlamentarier ist – die Tatsache, daß sie für ihn gestimmt haben, beweist, daß seine Wähler noch ein bißchen dümmer sind.«

Aber nicht nur zu hohe, auch zu niedrige A-Quotienten entsprechen nicht dem in der Eidgenossenschaft kultisch verehrten Mittelmaß aller Dinge. Der Holzboden für kühne Denker ist deshalb auch ein Holzboden für Rattenfänger. Wo alle in die Staatsgeschäfte reinreden, ist dafür gesorgt, daß sich der A-Quotient der Regierung bei einem Mittelwert einpegelt, wo weder brillante Ideen noch extreme Dummheiten zu befürchten sind. Der Verzicht auf die Washingtons schützt auch vor den Borgias.

»In Italien«, sagt Orson Welles im *Dritten Mann*, »in den dreißig Jahren unter den Borgias, da hatten sie Krieg, Terror, Mord und Blutvergießen, aber sie brachten auch Michelangelo, Leonardo da Vinci und die Renaissance hervor. In der Schweiz hatten sie brüderliche Liebe, fünfhundert Jahre lang Demokratie und Frieden, und was brachten sie hervor? Die Kuckucksuhr.«[11]

Kuckucksuhren sind nicht spektakulär, gewiß. Aber wo die Führung des Staatswesens zum Spektakel verkommt, werden dafür Hollywoodschauspieler zu Präsidenten gewählt – und der

---

[11] Hier irrt der Drehbuchautor Graham Greene. Noch nicht einmal die Kuckucksuhr haben die Schweizer erfunden. Reisegruppen, diese für das ausgehende 20.Jahrhundert so typische Spielart des grenzübergreifenden Arschlochismus, kaufen sie trotzdem gerne dort ein; am liebsten mit dem Schweizerkreuz geschmückte echte Schwarzwälder Kopien made in Hongkong.

Wähler hat keine Ahnung, wer ihnen das Drehbuch geschrieben hat.

In einer funktionierenden Demokratie löffeln alle zusammen aus, was sie sich alle zusammen eingebrockt haben. Auf die Würze der Originalität muß man dabei verzichten. Ein Brei mit so vielen Köchen kann nicht anders schmecken als fad. Dafür ist er nahrhaft, und Vergiftungsgefahr ist weitgehend ausgeschlossen.

Weg von den kulinarischen Vergleichen, zurück zu den statistischen Grundlagen der Arschlochizität! Demokratien sind stabil, weil in ihnen genügend Menschen an der Regierung beteiligt sind, um das Gesetz der großen Zahl wirksam werden zu lassen. Es setzt sich jener Anteil an Arschlöchern durch, den wir für die Menschheit als Ganzes eruiert haben: über fünfzig, aber unter hundert Prozent.

In allen Staatsformen, wo die Zahl der Entscheidungsträger zu klein wird, kann man sich nicht mehr auf diesen statistischen Durchschnitt verlassen. Nehmen wir als Beispiel den Extremfall einer Diktatur, in der ein Mensch allein die Geschicke der Nation bestimmt. Je nachdem, ob dieser Obermotz ein Arschloch ist oder nicht, beträgt der A-Quotient der Regierung entweder null oder hundert Prozent. Eine dritte Möglichkeit gibt es nicht.

Das so regierte Volk hofft natürlich jedesmal,

das große Los des idealen Big Brothers gezogen zu haben. A-Quotient null – das wäre ein Staatenlenker, der sein Leben ausschließlich dem Wahren, Schönen, Guten weiht, der immer nur das Beste will und das Beste tut. Diesem idealen Herrscher errichten sie die Denkmäler, auf denen er dramatisch in die Welt hinaus dräut, voller Weitblick und Taubendreck. Ihn drucken sie auf ihre Briefmarken, deren Rückseite sie mit heiligem Schauer ablecken, bevor sie sie auf ihre Briefe kleben. Und wenn diese Briefe dann zensiert werden, sind sie nach dem Prinzip »Wenn das der Führer wüßte!« fest davon überzeugt, daß ihr geliebtes Staatsoberhaupt nichts damit zu tun haben kann.

Denn die einzige alternative Möglichkeit, der hundertprozentige A-Quotient, ist zu erschrekkend, um wirklich denkbar zu sein. Man muß nicht Geschichte studiert haben, um zu wissen: Wer unter einem Arschloch lebt, sitzt früher oder später in der Scheiße. Und niemand gesteht sich gern die Zugehörigkeit zu den Kälbern ein, die sich ihren Metzger nicht nur selber gewählt, sondern ihm auch noch fähnchenschwenkend zugejubelt haben.

Zujubeln und Fähnchenschwenken – diese Grundbedürfnisse des wahren Arschdenkers werden von Demokratien leider nicht ausreichend bedient. Herren in dunklen Anzügen sind nicht ausgesprochen ekstasefördernd. Buchhalter bekommen keine *standing ovations.*

Von Buchhaltern regierte Staaten schürfen deshalb mit Vorliebe in der Geschichte nach bejubelbaren Vorbildern. Die Schweiz zum Beispiel beklatscht noch heute eine siebenhundert Jahre alte Variéténummer. »Nach seinem Triumph am Zirkusfestival von Monte Carlo jetzt live bei uns: William Tell und seine Armbrust des Todes!«

Aber der wahre Gefühlsorgasmus will sich dabei nicht einstellen. Für den vollen »Herzton der unteren Körperregion« (Fritz Kortner) ist es notwendig, daß das Idol leibhaftig die Ehrenformation abschreitet, das seidene Band durchschneidet und aus der goldenen Kutsche winkt. Nur dann kann sich der jubelnde Arschdenker wirklich eins mit ihm fühlen und sich glücklich grunzend in der Hoffnung suhlen, daß von der vermuteten Nicht-Arschlochizität des so Angehimmelten etwas auf ihn abfärben möge.[12]

Kluge Demokratien halten sich deshalb für Jubelzwecke ein Staatsoberhaupt, das nichts zu sagen hat. Auch das in Deutschland besonders ausge-

---

[12] So ähnlich erklärte man es sich früher, daß die französischen Könige Hautkrankheiten durch bloße Berührung heilen konnten. Niemand kam auf den Gedanken, daß die wundersame Heilung weniger mit übermenschlichen Fähigkeiten des Herrschers zu tun hatte, als mit der Tatsache, daß die Kranken vor ihrer Audienz ausgiebig gewaschen wurden.

prägte Bedürfnis nach Untertanenseligkeit ließe sich auf harmlose Weise befriedigen, wenn in der Villa Hammerschmidt so was residierte wie die englische Königsfamilie, die sich so wunderbar auf Kalender drucken, in Handtücher weben und auf Souvenir-Aschenbecher malen läßt. Nur sollte man die Auswahl der Monarchen-Darsteller nicht dem Zufall einer Erbfolge überlassen, sondern sie in professionelle Hände geben. Ich denke da etwa an das Besetzungsbüro der *Schwarzwaldklinik*. Klaus-Jürgen Wussow und Gaby Dohm als Königspaar – darum würde uns die ganze Welt beneiden.

DER INDIVIDUELLE AQ
oder
Betrachtungen über das Arschloch
in uns allen

»Sind Sie jetzt nicht ein bißchen abgeschweift?«
fragt der eifrige Student aus der letzten Bank. Er
hat ja recht, aber Abschweifungen sind nun mal
die schönste Art, beim Thema zu bleiben.

Vergessen wir also Politik und Politiker – ach,
wär das schön, wenn man die Politiker wirklich
alle einfach vergessen könnte! – und wenden wir
uns dem letzten Thema des theoretischen Teils zu:
der Frage, wie es mit dem Wechselspiel von IQ
und AQ beim einzelnen Menschen aussieht.

Wir haben ein Arschloch als Individuum definiert, auf dessen Verhalten der AQ größeren Einfluß hat als der IQ. So allgemein gefaßt ist diese
Aussage aber noch nicht praktikabler als die Fest-
stellung, daß ein durchschnittliches deutsches
Ehepaar 1,9 Kinder hat. Das mag zwar statistisch
durchaus richtig sein, trotzdem werden Sie nie in
die Lage kommen, einem befreundeten Ehepaar
zur Geburt von null komma neun Babies gratulie-
ren zu müssen.

So wie sich die 1,9 Kinder aus den ganz verschiedenen Nachwuchszahlen von Millionen von
Ehepaaren errechnen, so wird auch mit der Aussage »Dieser Mensch ist ein Arschloch« immer

nur ein statistischer Durchschnittswert beschrieben. Im großen Ganzen, sagen wir damit, wird dieses Individuum mehr vom AQ als vom IQ bestimmt; in Einzelbereichen seiner Persönlichkeit kann das AQ/IQ-Verhältnis aber ganz anders aussehen.

Am einfachsten kann man diese Aussage anhand der weitverbreiteten Spezies des Autofahr-Arschlochs belegen. Jeder von uns kennt diesen Typus, der mit der Drehung des Zündschlüssels von Kopf- auf Arschdenk umzuschalten scheint. Da spüren die mildesten Müslis plötzlich den Tiger im Tank, koppeln sich mit dem ersten Tritt auf die Kupplung von jedem vernünftigen Verhalten ab, kämpfen um eine Parklücke wie ein Kreuzritter um den heiligen Gral und sind immer, immer im Recht, selbst wenn sie gerade mit Vollgas in falscher Richtung durch eine Einbahnstraße brausen. Und kaum haben sie den Wagen abgestellt, sind sie wieder feinsinnig wie eh und je.

Und genauso wie es Autofahr-Arschlöcher gibt, gibt es auch Ballett-Arschlöcher und Fußball-Arschlöcher, Bodybuilding-Arschlöcher und Sensibilitäts-Arschlöcher, Tierschutz-Arschlöcher und Stierkampf-Arschlöcher, Technik-Arschlöcher und Jute-statt-Plastik-Arschlöcher, Natur-Arschlöcher und City-Arschlöcher, Peter-Steiner-Arschlöcher und Botho-Strauß-Arschlöcher, Sushi-Arschlöcher und Sauerkraut-Arschlöcher, Mode-Arschlöcher und Diesen-Pulli-trage-ich-schon-seit-zwanzig-Jahren-Arschlöcher.

Es gibt soviele Arschloch-Typen wie es menschliche Funktionen, Tätigkeiten und Interessengebiete gibt. Und auf jedem Gebiet kann das Verhältnis von AQ zu IQ ein anderes sein. Kein noch so kopfdenkerisches Verhalten bei einem Thema bietet Gewähr dafür, daß nicht schon beim nächsten der Arschdenk mit voller Wucht einsetzt. Mich würde noch nicht mal wundern, wenn sich Mutter Teresa heimlich Wrestling-Videos reinzöge.

Auch wer auf dem einen oder anderen Gebiet die Symptome verschärfter Arschlochizität zeigt, braucht deshalb noch lange nicht mit dem großen A abgestempelt zu werden. Darum sind vereinzelte arschlochhafte Züge, die Sie, verehrter Leser, vielleicht beim Lesen dieses Kapitels an sich selber entdeckten, kein Grund zur Verzweiflung. Das Menschenrecht auf die eigene Macke soll hier nicht in Frage gestellt werden.

Erst wenn sich diese Züge zu einer Mehrheit addieren, erst dann können wir mit Shakespeare ausrufen: »Er ist ein Arschloch, nehmt alles nur in allem!«

Das Problem dabei ist nur: Menschen werden immer noch ohne Beipackzettel geliefert. Wir lernen unsere Mitmenschen scheibchenweise kennen. Meistens präsentieren sie uns zuerst ihre

Schokoladenseite, und erst, wenn wir angebissen haben, stellen wir fest, wie unappetitlich die Füllung ist.

Uns fehlt – oder fehlte bis zum Erscheinen dieses Buches – eine Methode zum rechtzeitigen Erkennen von virulentem Arschlochismus. So was wie das Röhrchen, in das man bei der Verkehrskontrolle pustet. Wenn einer besoffen am Steuer sitzt, kann man ihm den Führerschein wegnehmen. Den Typen, die von ihrem Arsch gesteuert werden, sollte man zumindest ausweichen können. Das geht aber nur, wenn man sie rechtzeitig erkennt.

Genug also der Theorie. Auf zur Praxis!

Die Praxis

DER A-GEIGERZÄHLER
oder
Das handliche Arschloch-Bestimmungs-
buch

Mark Twain hat einmal gegrummelt, wenn man sich die menschliche Rasse so ansähe, sei es doch eigentlich schade, daß Noah damals das Boot nicht verpaßt habe. Die Sintflut war der Versuch, die Arschlöcher auszurotten, um dem Rest der Menschheit einen Neubeginn unter besseren Vorzeichen zu ermöglichen. Der Versuch ist gescheitert. Offensichtlich hat Gott bei der Auswahl der Schiffsbesatzung nicht gut genug aufgepaßt. Wahrscheinlich hat er schon kurz nach der Landung auf dem Berge Ararat die Panne bemerkt und in göttlicher Verzweiflung ausgerufen: »Warum, ach, warum fällt man bloß immer wieder auf Arschlöcher rein?«

Gute Frage.

Es fällt bedeutend leichter, ein Arschloch zu definieren, als es im täglichen Leben auch zu erkennen. Etwas muß man dem Arsch lassen: er hat im Laufe der Evolution sehr erfolgreich gelernt, den Kopf zu imitieren. Es ist gar nicht so leicht, einen Furz von einem Gedanken zu unterscheiden. Wir schaffen das noch nicht mal bei uns selber. Der Arsch ahmt die Stimme der Erkenntnis allzu überzeugend nach.

Woran erkenne ich ein Arschloch? Meistens machen wir uns die Sache einfach und sagen: »Wer anderer Meinung ist als ich, der *muß* ein Arschloch sein.« Diese Methode schafft zwar momentane Erleichterung, aber das tut ein Furz auch. Einer logischen Überprüfung hält sie leider nicht stand. Niemand ist automatisch ein Arschloch, nur weil er für einen anderen Fußball-Club schwärmt, eine andere Partei wählt oder sonstwie eine andere Meinung vertritt.

Aber selbst wenn von zwei Menschen mit unterschiedlichen Ansichten immer einer ein A-Typ sein müßte – wer garantiert uns, daß im konkreten Fall nicht *wir* das Arschloch sind? Gerade wenn wir felsenfest davon überzeugt sind, recht zu haben, liegt die Vermutung des Arschdenks besonders nahe.

Andererseits bietet Übereinstimmung der Meinungen keinerlei Garantie für Nichtarschlochizität. Sie kann auch nur bedeuten, daß der andere und wir denselben A-Quotienten haben.

Das Problem wird noch zusätzlich dadurch erschwert, daß viele Arschlöcher es meisterhaft verstehen, sich zu tarnen. Ihre perfideste Methode besteht darin, quasi als geistige Chamäleons höchst überzeugend Nachdenken vorzutäuschen. Man muß schon sehr genau hinhören, um festzustellen, ob sie wirklich selber nachgedacht oder nur fremde Gedanken *nach*gedacht haben. Des Kaisers neue Kleider können manchmal sehr beeindruckend sein.

A oder nicht A – das ist hier die Frage. Wir könnten die Entscheidung natürlich vertagen, um das Urteil – eine Lieblingsfloskel von in Beweisnot geratenen Politikern – der Geschichte zu überlassen. Wenn sich die Wortnebelschwaden erstmal verzogen haben, so hofft man, wird man klarer sehen. Die Hoffnung mag ja berechtigt sein, aber für den täglichen Gebrauch ist diese Methode nicht sehr praktikabel. Wenn wir wissen wollen, ob unser Gegenüber ein Arschloch ist, können wir nicht warten, bis sein Nachruf in der Zeitung steht.

Was wir brauchen, ist so was wie das Bestimmungsbuch des Pilzsammlers, das ihm hilft, den eßbaren Hohen Wulstling vom giftigen Pantherpilz zu unterscheiden. Eine handliche Liste, in der man jederzeit schnell nachschlagen kann, wenn es darum geht, den individuellen A-Quotienten eines neuen Bekannten festzustellen.

Sie halten diese Liste in Händen. Der Praxis-Teil dieses Buches bietet einen kurzgefaßten Überblick über die sieben häufigsten Erscheinungsformen des alltäglichen Arschlochismus. Prägen Sie sich die Liste ein, oder noch besser: Gehen Sie gar nicht mehr ohne aus dem Hause! Der Atomphysiker betreibt seine Forschungen schließlich auch nicht ohne Geigerzähler.

Aber seien Sie gewarnt: Die Liste ist natürlich

89

unvollständig. Es gibt so viele A-Typen wie es Menschen gibt. Nichts ist so grenzenlos wie das Universum der Arschlöcher.

INSANCTA SIMPLICITAS
oder
Arschlöcher erkennt man daran, daß sie
immer alles ganz einfach finden

Die komplizierte Welt wird durch Nachdenken noch komplizierter. Wer kann da der Versuchung widerstehen, das Denken dem Arsch zu überlassen? So wird das Unübersichtliche plötzlich angenehm überschaubar. Es ist alles ganz einfach.

»Ganz einfach« – das ist der entscheidende Begriff. Ihr Geigerzähler für den Nachweis von Arschlochizität müßte jedesmal heftig zu ticken beginnen, wenn jemand diese Worte verwendet. Das Ticken würde nie aufhören, denn die *terribles simplificateurs* sind überall. Die Simplifizierung, die sie betreiben, ist nicht nur einfach schrecklich, sie ist auch schrecklich einfach. Das macht sie so verführerisch.

Dazu gleich eine kleine praktische Übung: Bis zu welcher Stelle müssen Sie den folgenden Leserbrief lesen, um zu wissen, daß sein Verfasser von der Natur mit einem recht hohen A-Quotienten bedacht sein muß? Ich habe den Brief nicht erfunden, er ist tatsächlich erschienen. Es ging darin um einen praktischen Vorschlag zur Lösung der Drogenproblematik.

»Es ist doch ganz einfach«, stand da. »Spritze mit AIDS-verseuchtem Blut aufziehen, zustechen und dann einfach abwarten.« Wann hat Ihr A-Geigerzähler zu ticken begonnen? Erst nach dem Aufruf zur Ermordung von Drogenkranken? Dann sollten Sie das Gerät mal zur Reparatur bringen. Nach der Formulierung »Es ist doch ganz einfach« war nämlich alles klar.

Wenn einem Arschdenker zwei Erklärungen für dasselbe Phänomen angeboten werden, dann akzeptiert er immer die einfachere. Ob sie richtig oder falsch ist, spielt dabei keine Rolle. Die Einfachheit ist entscheidend.

Populisten sind Leute, die das begriffen haben. Sie richten ihren Diskurs unter Umgehung der Köpfe direkt an die Ärsche. Deshalb bezweifle ich auch die etymologische Ableitung des Wortes »Populismus« vom lateinischen »populus«. Eine Herkunft von »Popo« leuchtet mir sehr viel mehr ein.

Schlagworte dienen nicht zum Überzeugen, sondern zum Niederknüppeln des Gegners. Der Versuch, sie logisch zu widerlegen, ist deshalb immer zum Scheitern verurteilt. Versuchen Sie's gar nicht erst. Sie behalten zwar recht, aber Mutter Sprache meint das ganz wörtlich: Sie können Ihr Recht behalten, weil kein anderer was davon abhaben will. Der Triumph, den Sie davontragen, ist immer der des Autofahrers, der sich ICH HATTE VORFAHRT in den Grabstein meißeln läßt.

Bei öffentlichen Diskussionsveranstaltungen wird

das besonders deutlich. Die naturgegebene Dominanz der Arschlöcher im Publikum sorgt dort in jedem Fall dafür, daß kopfdenkerische Argumente keine Chance haben, sich durchzusetzen.

Im Gegenteil: sie fördern sogar noch die Sache des Arsch-Argumentierers. Die Kompliziertheit der Vernunft wirkt als Kontrastmittel für die Einfachheit populistischer Parolen und macht diese damit attraktiver. Statistiken über Wanderungsbewegungen in Europa? Erhebungen über das soziale Gefüge in Großstädten? Quatsch. »Unsereins kriegt keine Wohnung, aber diesen Kanaken blasen sie Zucker in den Hintern« – so heißt das! Man muß dem Volk aufs Maul schauen und sich nicht vor dem ekeln, was dort rausquillt. Wie sagt doch das Sprichwort? »Wes der Arsch voll ist, geht der Mund über.«

Das ist nicht etwa nur eine zynische Anleitung für Volksverhetzer. Auch die positivsten Anliegen haben erst eine Chance, wenn sie auf die Begriffsebene der Arschdenker simplifiziert worden sind. Um beim obigen Beispiel zu bleiben: Wenn Sie wirklich was gegen Fremdenhaß tun wollen, dann verzichten Sie auf kluge soziologische Analysen. Besorgen Sie sich lieber ein Dutzend Serien-Stars und lassen Sie sie mit professionell betroffener Miene verkünden: »Auch ich bin Ausländer!« Oder plakatieren Sie an allen Wänden ein niedliches türkisches Kind mit großen traurigen Augen. (Die traurigen Augen sind wichtig. Was für Koalas gut ist, kann für Ausländer nicht schlecht sein.) Und vor allem: simpel muß die Aussage sein!

»Aber alles kann man doch nicht vereinfachen!« Doch, kann man. Außer der Wahrheit natürlich. Aber auf die kommt es auch gar nicht an. Ein Demagoge ist ein Mensch, der aus zwei Prämissen den einzig möglichen Schluß gezogen hat: a) »Die Wahrheit ist kompliziert«; b) »Komplizierte Dinge leuchten Arschlöchern nicht ein.« Folglich c): »Sag halt nicht unbedingt die Wahrheit, wenn du was erreichen willst.«

Je einfacher eine Lehre, desto gläubiger ihre Anhänger. Im Schweizer Parlament ist die Auto-Partei vertreten, eine Vereinigung von Verbrennungsmotor-Fetischisten, die »Freie Fahrt für freie Bürger« zum allseligmachenden Credo erhoben haben und entsprechend alle Vorlagen hauptsächlich danach beurteilen, ob sie die Gefahr in sich bergen, die Durchschnittsgeschwindigkeit im Straßennetz zu vermindern.[13] Die Mitglieder dieser Politsekte zeichnen sich außer durch den beträchtlichen Hubraum ihrer Fahrzeuge vor allem durch ihre hochentwickelte Fähigkeit aus,

---

[13] Für Nichtschweizer: Dies ist keine Satire. Die exakte Abbildung der Wirklichkeit ergibt ganz von selber die Karikatur.

negative Aspekte des PS-Kultes nicht zur Kenntnis zu nehmen.[14]

»Wissenschaftliche Untersuchungen deuten mit großer Wahrscheinlichkeit darauf hin, daß der unkontrollierte Ausstoß von Stickoxyden...« Vergessen Sie's! Es hört Ihnen schon lange kein Schwein mehr zu. »Das Wetter war schon immer launenhaft« – *das* ist ein Argument! Oder: »Mein Auto fährt auch ohne Baum.«

Für Arschlöcher ist alles einfach. Deshalb zweifeln sie auch nie, sondern sind immer sicher – mit den entsprechenden Auswirkungen. Bertrand Russell hielt das sogar für das zentrale Problem der menschlichen Gesellschaft. »In der Welt läuft so viel schief«, schrieb er, »weil die Dummen immer sicher sind und die Gescheiten immer Zweifel haben.«

Er hatte zweifellos recht.

---

[14] Noch eine Anmerkung: Die Auto-Partei hat sich gerade umbenannt. Sie vertritt dasselbe Programm jetzt unter dem Etikett Freiheits-Partei. Manche Leute machen's einem verdammt schwer, keine Satire zu schreiben. Alles, was dazu zu sagen ist, finden Sie im Kapitel über die Kunst der Umwortung.

DENKEN PER PLAYBACK
oder
Arschlöcher erkennt man daran, daß sie
die Kopie immer dem Original vorziehen

Arschlöcher irren sich nie, haben aber von nichts eine Ahnung. Sie fällen fürs Leben gerne Urteile – es darf auch ruhig mal ein Todesurteil sein –, scheuen aber die Anstrengung, sich vorher mit den Gesetzen vertraut zu machen. Unbelastet von Kenntnissen richtet's sich ja auch bedeutend leichter.

Das gilt vor allem für den Bereich des sogenannten guten Geschmacks. Hier betont der A-Typ sogar gerne kokettierend das eigene Unwissen. »Ich verstehe zwar nichts von Kunst«, spricht der Arsch, »aber ich weiß, was mir gefällt.« Das ist gelogen. Das Arschloch weiß nicht, was ihm gefällt. Es hat nur aus den Augenwinkeln unauffällig beobachtet, ob die anderen den Daumen unten oder oben haben.

Für Arschlöcher ist Kultur ein Minenfeld, das man am besten nach der »Hannemann, geh du voran!«-Methode durchquert. Wer sich einmal blamiert hat, weil er, um den Insider zu markieren, die neuste Schallplatte von Marcel Marceau pries, der ist von Alleingängen dieser Art ein für allemal geheilt. Spontan und unbeeinflußt, wie er bei jeder Gelegenheit betont, folgt er der dahintrampelnden Herde. »Eßt Scheiße – zehn Millionen Fliegen können sich nicht irren!« ist für ihn kein Graffito sondern eine Erkenntnis.

Wo alle baden, kann man nicht ertrinken. Na schön, das Wasser im großen Pool ist gechlort und gewaltig verpinkelt, aber dafür kann man sich dort mit geschlossenen Augen treiben lassen. Das amerikanische Wort »mainstream« beschreibt sehr exakt, wo sich der Arschgeschmack am wohlsten fühlt. Keine Stromschnellen, keine Krokodile, keine Überraschungen.

Das Kulturschloch – manche Worte schreien danach, geprägt zu werden – ist der Theaterabonnent, der den *Hamlet* nur genießen kann, wenn die Pappkulissen genau so wackeln, wie sie es in seiner Jugend getan haben; die Konzertbesucherin, die eine ganze Symphonie lang darauf lauert, »Pscht!« zu machen, wenn es jemand wagen sollte, zwischen den Sätzen zu applaudieren; der Kinofreak, der sich auf *Rocky IV* freut, weil *Rocky III* genau so gewesen war wie *Rocky II*; der Kunstliebhaber, der sich eine auf die Couchgarnitur abgestimmte Dalí-Lithographie kauft, handsigniert und numeriert.

(Nichts gegen Dalí. Aber irgendwie schmuddeln die Bewunderer auf das Bewunderte ab. George Bernard Shaw hatte gar nicht so unrecht, als er sagte: »Wenn mehr als zehn Prozent der Bevölkerung ein Gemälde mögen, sollte man es verbrennen. Dann *muß* es schlecht sein.«)

Kulturschlöcher sind Wiederkäuer. Sie lieben das Wiedersehen und Wiederhören, den Mief des Vertrauten. Es ist eine gruselige Tatsache, daß in der deutschen Hitparade eines Tages eine CD mit all jenen klassischen Melodien auftauchte, die von den skrupellosen Zuhältern der Marketingbranche zur Prostitution in Werbespots gezwungen worden waren: der »Freude-schöner-Götterfunken-Spaghetti-Song«, die »Kleine Geschirrspüler-Nachtmusik«, die »Carmina Knabbernuß Burana« und wie sie sonst alle heißen.[15]

Als »Musik aus der Werbung« oder »Klassik zum Kuscheln« wird plötzlich konsumierbar, was im Original viel zu abschreckend wäre. Beethoven und Bach als Ex-und-hopp-Gedudel, vorgekocht und vorgekaut, nur noch in der Mikrowelle aufwärmen, und weg damit! Und natürlich nicht die ganzen Werke – wer hat denn so viel Zeit? Ein Sätzchen Vivaldi, ein Häppchen *Schwanensee*, und alles hübsch mit Mozart-Schlagsahne angerichtet.

Angerichtet haben das nicht etwa die bösen, bösen Schallplattenbosse. Die sind so zynisch, daß sie den Leuten sogar was Anständiges verkaufen würden, wenn sich damit Kasse machen ließe. Aber sie

---

[15] Vielleicht waren es auch die »Anti-Haarausfall-Carmen-Suite« und Schumanns »Träumerei mit der Piemontkirsche«. Zu den airbrush-geleckten Bildern der Werbeindustrie klingt jede Melodie wie »Viele bunte Smarties«.

haben erkannt, daß die Mehrheit – und vergessen wir nie: die Arschlöcher *sind* die Mehrheit – die Kopie immer dem Original vorzieht. Lieber Madonna als eine Sängerin, lieber Clayderman als ein Pianist.

In besonders deutlicher Hirnrissigkeit zeigt sich diese Vorliebe bei Fernsehsendungen, in denen playback gesungen wird. (Ich bitte Sie, mir diese sprachliche Ungenauigkeit zu verzeihen. Ich weiß, daß man zu einem Playback nicht singt, sondern nur den Mund öffnet und schließt wie ein äsender Karpfen.)

Der Playback-Sänger ist das menschgewordene Ideal der Kulturschlöcher: eine Kopie seiner selbst. Rein logisch betrachtet, wäre es ja viel sinnvoller, die Tonanlage direkt vor die Kameras zu stellen und ihr nach dem Lied für die störungsfreie Wiedergabe Beifall zu spenden. Allerdings müßten wir dann auf einen Höhepunkt abendländischer Lächerlichkeit verzichten, der nur noch von Loriots Liebeserklärung mit der Nudel übertroffen wird. Ich meine den Moment, wo die Musik auf dem Band ausblendet, weil dem Komponisten mal wieder kein Schlußakkord eingefallen ist, und der Interpret mit immer spitzer geschürztem Mündchen versucht so zu tun, als ob er diese hinsterbenden Töne selber produzieren würde.

Wenn man besonderes Glück hat, ist dabei auch noch ein Dirigent im Bild. Die Playback-Dirigenten müssen von Ionesco erfunden worden sein, als Musterbeispiel einer absurden Welt, in der einer, der so tut, als ob er dirigiert, einem anderen, der so tut, als ob er singt, den Einsatz gibt und ihm dann anerkennend zunickt, weil der ihn nicht verpaßt hat. Weltmeister aller Klassen in diesem potemkinschen Dirigieren ist Gotthilf Fischer – ja, der, der nie einen Chor leitet, sondern immer gleich Chöre. Ich will hier nicht näher auf ihn eingehen, aber irgendwie hat es der Mann verdient, in diesem Buch zumindest erwähnt zu werden.

Es wäre nicht weiter schlimm, wenn nur playback gesungen würde. Aber es wird auch playback gedacht. Die Vorliebe für Kopien beschränkt sich keineswegs auf den Bereich der Kunst. Auch in allen anderen Lebensbereichen wirkt Originalität abschreckend.

Da haben Sekten Erfolg, die einen verdünnten Buddhismus-Aufguß als modernes Äquivalent der Bergpredigt vermarkten, da ersparen uns künstliche Paradiese mit Wellengang und Wasserrutschbahn die Notwendigkeit, mühselig bis ans wirkliche Meer zu fahren, und die Regale der Lebensmittelläden sind voller roter, plastikartiger, holländischer Gebilde, die das ersetzen, was man früher »Tomate« nannte.

Die Vorliebe für Kopien ist ein schon recht präzises Erkennungsmerkmal für Arschlöcher. Noch präziser verraten sie sich durch die Unfähigkeit, zwischen Kopie und Original überhaupt noch unterscheiden zu können. Sie halten Lassie für einen typischen Hund, Hans Meiser für einen echten Beichtvater und Ronald Reagan für einen Politiker.

In amerikanischen Vergnügungsparks hängen überall dort, wo das Personal den Bereich der Parkbesucher betritt, Schilder mit der Aufforderung: SMILE – YOU ARE ON STAGE. Niemand soll den zahlenden Besuchern durch eine saure Miene die Illusion vergällen, die vorgegaukelte heile Welt existiere tatsächlich. Ich finde so ein Schild sehr sinnvoll. Ich würde nur eine präzisere Formulierung vorschlagen: SMILE – YOU ARE ENTERING THE WORLD OF ASSHOLES!

VORBILDER
UND NACHBILDER
oder
Arschlöcher erkennt man daran, daß sie
sich durch Äußerlichkeiten definieren

Diese Welt ist eine Welt der Kopien. Aber ein Arschloch – Sie erinnern sich – ist ja jemand, der nicht weiß, daß er eines ist. Und so begegnen uns pausenlos Kopien, die fest davon überzeugt sind, Originale zu sein.

Die offensichtlichen Fälle wollen wir hier außer Betracht lassen. Sie sind so leicht zu durchschauen, daß wir den Stoßseufzer des Hollywood-Urvaters Sam Goldwyn mitseufzen: »Was wir dringend brauchen, sind neue Klischees!« Den A-Quotienten des Möchtegern-Sportstars, der ohne komplette Tour-de-France-Ausrüstung noch nicht mal um den Block radeln kann, erkennen Sie auch ohne Arschlochbestimmungsbuch. Auch der »Kuck mal, mein Jackett ist gefüttert«-Miami-Vice-Abklatsch macht Ihnen die Aufgabe leicht. Vom Yuppie-Imitator mit der Autotelefon-Attrappe im VW Golf gar nicht zu reden.

Sie alle vergessen die klassische Weisheit: »Quod licet Jovi, non licet Doofi.« Es mag ja sein, daß Filmstars sich manchmal mit dunklen Gläsern tarnen, um von Autogrammjägern nicht erkannt zu werden. Aber kann der Arschdenker deshalb tatsächlich glauben, er würde mit Richard Gere verwechselt, bloß weil er im Zimmer die Sonnenbrille aufbehält?

Er kann. Mutter Sprache hält auch hier wieder den exakten Ausdruck bereit: »Er macht sich was vor.« Er spielt Theater mit sich selber als Zuschauer. Und er ist von der Vorstellung begeistert.

Nicht jede Selbstinszenierung trägt so dick auf. Aber die Verwechslung von Schein und Sein ist ein typisches Kennzeichen des Arschlochs.

Anders läßt es sich nicht erklären, daß Leute den Lacoste- oder Nike-Schriftzug auf ihren Kleidungsstücken so stolz zur Schau stellen, als handle es sich um das Abzeichen eines exklusiven Vereins. (Wobei exklusive Vereine auch hauptsächlich gegründet werden, *damit* man mit einem Abzeichen die Mitgliedschaft dokumentieren kann.) Ein logisch denkender Mensch, darüber informiert, daß Sportstars als Werbeträger dicke Kohle machen, würde erwarten, daß ihm beim Kauf eines derart auffällig gekennzeichneten Markenartikels zumindest ein Preisnachlaß gewährt wird, als Honorar dafür, daß er für den Hersteller Reklame laufen muß. Aber Arschlöcher sind keine logisch denkenden Menschen. Sie bezahlen auch noch für das Privileg, als wandelnde Litfaßsäulen durchs Leben gehen zu dürfen. Sie kämpfen förmlich darum. In Amerika wurde für einen Turnschuh mit der richtigen Aufschrift auch schon mal ein Mord begangen.

Arschlöcher müssen pausenlos beweisen, daß sie keine sind. Der Krokodilaufnäher auf der Hemdbrust dient zur Vorspiegelung falscher Tatsachen. Man trägt Lacoste nicht, weil einem Lacoste gefällt, sondern weil man damit den Eindruck erwecken will, so zu sein wie die Leute, die Lacoste tragen. Daß sich die Katze spätestens dann in den logischen Schwanz beißt, wenn alle Lacoste-Käufer so denken, fällt dabei niemandem auf.

Der Drang, sich durch modische Äußerlichkeiten selber zu definieren, erreicht den Höhepunkt hirnsträubender Absurdität bei jenen Menschen – nein, hier muß ich mal politisch korrekt formulieren: bei jenen MenschInnen –, die durch die Art ihrer Kleidung signalisieren wollen, daß sie sich im Gegensatz zu allen anderen nicht dem Diktat der Mode beugen. Es ist immer wieder faszinierend zu beobachten, wie sich diese Vorkämpfer gegen den Gleichheitszwang alle genau gleich anziehen. Irgendwo muß es einen Kleiderladen geben, der exklusiv nur Individualisten beliefert. Und vor dem Laden stehen sie dann Schlange.

Vielleicht muß man den Satz von den »assholes who don't know that they are assholes« ein bißchen modifizieren. Die düstere, immer sofort wieder verdrängte Vermutung scheint doch irgendwo da zu sein. Gegen sie wehrt sich der Arschdenker, indem er sich mit Insignien schmückt – modische Accessoires sind dabei nur eine Möglichkeit unter vielen –, die beweisen sollen, daß er eigentlich etwas ganz anderes, Besseres ist. Wie das Kind, das sich den Nachttopf auf den Kopf stülpt und ruft: »Kuck mal, Mutti, ich bin ein General!«

Apropos General: Eine arschlochigere Beschäftigung als das Führen von Kriegen ist nicht denkbar. Deshalb läßt sich anhand der Führer und Krieger die Korrelation zwischen A-Quotient und äußerlichem Brimborium besonders gut überprüfen.

Und tatsächlich: Von allen Organisationen, die diese Welt unsicher machen, legt keine mehr Wert auf Titel und Abzeichen als die Internationale der Uniformträger. Sie glauben allen Ernstes, ihr blutiges Gewerbe adeln zu können, indem sie sich die Uniformbrust mit Klunkern behängen.[16] In der Logik des Arsches macht so ein buntes Metallplättchen den Unterschied zwischen einem Mörder und einem Helden aus. (Aber kann es wirklich Zufall sein, daß sich »Orden« auf »Morden« reimt?)

---

[16] Gustav Meyrink erklärte sich die Vorliebe von Militärs für bunte Verzierungen mit dem Wirken des Impfstoffes Schöpsoglobin, der unheilbaren Patriotismus auslöst. Bei einem Tierversuch beobachtet ein Wissenschaftler, wie damit infizierte Affen »nach schier endlosem Palaver aus ihrer Mitte einen Anführer wählten – und zwar jenes Exemplar, das schon während seiner Gefangenschaft als gänzlich vertrottelt allgemein aufgefallen war – und ihm sodann Goldpapier (...) auf das Gesäß klebten«.

Natürlich grassiert die Sucht nach Titeln auch unter zivilen Arschlöchern. Nicht wahr, Herr Honorarkonsul? Vom Generaldirektor bis zum Oberdampfschiffseilanbinder definieren sie sich gerne über die schmückenden Beiworte auf ihrer Visitenkarte. Titel sind so was wie die Luftsäcke, die manche Tiere aufblasen, um größer zu erscheinen als sie in Wirklichkeit sind. Nur daß mit dieser heißen Luft nicht freßlustige Angreifer abgewehrt werden sollen, sondern der Verdacht, der Titelträger könnte vielleicht doch ein Arschloch sein. »Schau her«, schreit der Titel, »ich bin jemand!«

Wo der A-Quotient steigt, schwappt immer auch die Titelflut höher. Die k.u.k. Monarchie hatte bei ihrem Untergang mehr Titel als Einwohner. Der Nationalsozialismus beförderte noch die mickrigste Musiklehrerin zur Gausingereferentin. Und das deutsche Beamtenrecht ist auch nicht ohne.

Ob Mode am Leib, Ferrari vor dem Haus, Orden an der Brust oder Titel an der Tür – das Arschloch definiert sich immer über Äußerlichkeiten. Man sollte ihm den Spaß daran nicht verderben, sondern nur neben seinem Namen im Adreßbuch ein diskretes A notieren.

ORDNUNG MUSS SEIN

oder

Arschlöcher erkennt man daran, daß sie Regeln um ihrer selbst willen lieben

Oberstabsfeldwebel, Porschefahrer oder Besitzer einer Christian-Dior-Brille zu sein verleiht natürlich nur dann den süßen Ruch der Nicht-Arschlochizität, wenn man sich auf die Spielregeln verlassen kann, die da besagen: »Oberstabsfeldwebel, Porschefahrer und Träger von Brillen mit dem Vermerk CD sind was ganz Besonderes.« Veränderung ist Bedrohung. Am Weltbild, das er sich aus den Brettern vor seinem Kopf zurechtgezimmert hat, läßt der Arschdenker nicht rütteln.

Deshalb macht ihm jede Neuerung erstmal Angst. Arschlöcher sind konservativ. (Das heißt nicht, daß jeder Konservative ein Arschloch ist. Aber die natürlichen Mehrheitsverhältnisse sind auf der Seite des Status quo.) Der A-Typ möchte die Welt am liebsten so haben, wie sie immer gewesen ist, verläßlich und ordentlich. Nur dann hat er das angenehme Gefühl, sie zu beherrschen – so wie der König im *Kleinen Prinzen* die Sonne beherrscht, wenn er ihr jeden Abend befiehlt unterzugehen.

Law and order bewahren vor dem lästigen Zwang, sich selber was denken zu müssen. Vergessen wir nie: Der Gebrauch des Kopfes ist für

Arschdenker ein widernatürlicher Akt. Denken tut weh, wenn man es nicht gewohnt ist.

Regeln, je mehr, desto besser und je exakter, desto besser, ersparen einem diese Anstrengung. In Rolf Lyssys Film *Die Schweizermacher,* der den lang für unmöglich gehaltenen Beweis erbrachte, daß auch Eidgenossen Humor haben können, fährt die Kamera einmal an einem Haufen Kehrichtsäcke vorbei. Alle haben sie die gleiche Farbe, bis auf einen. Und der Kinogänger weiß sofort: die Revoluzzerin, die sich hier über das ungeschriebene Gesetz der korrekten Müllentsorgung hinwegsetzt, wird nie einen Schweizer Paß bekommen. Wer die falsche Zipfelmütze trägt, darf nicht Gartenzwerg werden.

Arschdenker stellen selbst dort Regeln auf, wo gar keine gebraucht werden. Und sie halten sich auch noch daran, wenn sie schon längst jeden Sinn verloren haben. Würde eine Symphonie wirklich sehr anders klingen, wenn sich die Orchestermusiker nicht mehr ins unbequeme Lakaienkostüm des frühen neunzehnten Jahrhunderts zwängten? Macht ein Parlament wirklich schlechtere Gesetze, wenn ein Abgeordneter keine Krawatte trägt? Und geht die Welt wirklich unter, wenn jemand Fisch mit dem Messer ißt?

Arschlöcher warten brav vor Ampeln, auch wenn weit und breit kein Auto kommt. Das wäre an und für sich ein harmloses Vergnügen, das man ihnen durchaus gönnen könnte. Aber leider überfällt sie in unregelmäßigen Abständen das Bedürfnis, einen Kreuzzug für das korrekte Verhalten an Fußgängerüberwegen zu starten und allen Bei-Rot-über-die-Straße-Gehern die Köpfe einzuschlagen.

Wo Gesetze verletzt werden, werden Arschlöcher aggressiv. Es ist eine Angriffslust, die aus Angst erwächst. Wenn Regeln nicht gelten, hat man keinen festen Boden mehr unter den Füßen. Das Kunststück, ohne Verwendung des Kopfes eine Denkleistung vorzutäuschen, ist schwierig genug. Auf schwankendem Untergrund wird die Aufgabe unlösbar.

Wenn Arschlöcher an die Macht kommen, erlassen sie darum als erstes neue Gesetze. Der Schluß, der sich daraus ziehen läßt, wurde in unserem Jahrhundert der Emigranten millionenfach bestätigt: Wo es anfängt Paragraphen zu regnen, empfiehlt sich die Flucht. »Es sind immer die verdorbensten Staaten, die die meisten Gesetze haben«, wußte Tacitus schon vor zweitausend Jahren.

Es hat sich nichts geändert. Arschlochizität ist zeitlos.

DIE KUNST
DER UMWORTUNG
oder
Arschlöcher erkennt man daran, daß sie
die Wirklichkeit umformulieren

Wenn sich die Welt gar nicht mehr an die Spielregeln halten will, dann muß das an der Welt liegen, nicht an den Regeln. Und der Arschdenk kennt ein ganz einfaches Rezept, um das wieder in beruhigende Ordnung zu bringen: Er tauft um.

Wissen Sie was »sukzessive Polygamie« ist? Nicht? Das ist die Sünde, die ein geschiedener Katholik begeht, wenn er wieder heiratet. Man muß sich das auf der Zunge zergehen lassen: sukzessive Polygamie. Erfunden hat den schönen Euphemismus der argentinische Bischof Horazio Bózzolo von Tucumán. Wir sollten ihn dafür ehren. Er hat mit seiner Kreation nicht nur die Wörterbücher bereichert, sondern gleichzeitig den Nachweis geliefert, daß der A-Quotient auch im höheren Klerus sein Unwesen treibt.

Man erkennt Arschlöcher nämlich auch daran, daß sie glauben, die Wirklichkeit verändern zu können, indem sie sie umformulieren. Das hat einerseits mit Magie zu tun – »Was ich nicht ausspreche, existiert auch nicht« – und andererseits mit der ganz praktischen Erfahrung, daß die anderen Arschlöcher auf den Trick regelmäßig reinfallen.

Neben einem Haufen hochgiftiger radioaktiver Abfälle will niemand wohnen, neben einem lauschigen Entsorgungspark schon. Finanzielle Kontaktpflege klingt hübscher als Bestechung, und optimierte Staatseinnahmen sind erstrebenswerter als erhöhte Steuern. Tierexperimentatoren schneiden ihren Versuchsobjekten nicht die Stimmbänder durch; sie entbellen sie bloß. Und der vom finalen Rettungsschuß getroffene Demonstrant ist nicht halb so tot wie der von einem Polizisten abgeknallte.

»Die Welt«, sagt der Arschdenker, »hat sich gefälligst meinem Weltbild anzupassen und nicht umgekehrt.« Zu diesem Zweck scheut er auch nicht davor zurück, der Sprache auf dem Prokrustesbett seiner vorgefaßten Meinungen sämtliche Gelenke auszurenken. Das erspart nicht nur jedes Umdenken, es schafft auch die lustvolle Illusion, Herr der Lage zu sein.

»Wenn *ich* ein Wort benütze«, sagte Humpty Dumpty in ziemlich verächtlichem Ton, »bedeutet es genau das, was ich will, daß es bedeutet – nicht mehr und nicht weniger.«

»Die Frage ist«, sagte Alice, »ob man das *kann* – Worte soviel verschiedene Dinge bedeuten lassen.«

»Die Frage ist«, sagte Humpty Dumpty, »wer das Sagen hat – das ist alles.« (Lewis Carroll, »*Through the Looking-Glass*«)

Wo die Arschlöcher das Sagen haben, gerät die

Sprache aus den Fugen. Man kann diesen Satz auch umdrehen und als Arschloch-Detektor benützen: Wo jede Menge neuer Wörter entstehen, ist der A-Quotient hoch. Der Bevölkerung wird dringend empfohlen, rechtzeitig die Schutzräume aufzusuchen.

Das dritte Reich, wen wundert's, war auf diesem Gebiet besonders kreativ. Wer die Geschichtsbücher im Sinne des Arschdenks umschreiben will, fängt am besten bei den Vokabeln an. Von der »nationalen Erhebung« bis zur »Endlösung« hat das Wörterbuch des Unmenschen viele Eintragungen. Und weil auf die Tragödie immer das Satyrspiel folgt, versuchten sich auch die regierenden As der DDR als Sprachschöpfer – mit verheerenden Folgen. Ein Staat, der den Weihnachtsengel zur Jahresendflügelfigur umwortete, konnte einfach keinen Bestand haben. Da half auch kein antifaschistischer Schutzwall mehr.

Die Regierenden der Bundesrepublik würden derart krude Methoden nie anwenden. Auf dem durch Platitüden gedüngten Boden der freiheitlich-demokratischen Grundordnung gedeihen Sprachblüten ganz anderer Art. Die üppig wuchernden Neologismen und Euphemismen verwachsen zu einer undurchdringlichen Hecke, in deren Schutz man tun und lassen kann, was man will. Oder verstehen Sie, was der Deutsche Bundestag wirklich treibt, wenn er in seiner Drucksache 12/6213 schreibt: »Das spezifische Ziel dieser Aktion besteht darin, unter Einhaltung des Subsidiaritätsprinzips die Entwicklung personeller Ressourcen – einer Schlüsselvariablen des wissenschaftlich-technologischen Systems – auf Gemeinschaftsebene zu fördern«? Sie verstehen das? Wie schön, daß auch Redakteure von Fremdwörterlexika dieses Buch lesen.

»Worte«, sagte Rudyard Kipling, »sind die stärkste Droge, die der Mensch kennt.« Niemand berauscht sich lieber daran als ein Arschloch.[17]

---

[17] Mein Verleger meint, ein Kapitel über das vorzugsweise von Arschlöchern betriebene treffliche Streiten mit Worten wäre ohne einen Hinweis auf die Sprachverrenkungen der *political correctness* unvollständig. Gerne: Wer einem Kleinwüchsigen das Leben leichter zu machen glaubt, indem er ihn als »vertikal herausgefordert« bezeichnet, ist deswegen kein Trottel. Das heißt jetzt »anders begabt«.

SELEKTIVE BLINDHEIT
oder
*Arschlöcher erkennt man daran, daß sie
nicht sehen, was sie nicht sehen wollen*

»Die gute Nachricht: In Bayern starben im vergangenen Jahr 1710 Menschen im Straßenverkehr.«

Wie schön, dachte ich, als ich das in einer Münchner Zeitung las. Das Land der Weißwürste ist also auch ein Paradies für Nekrophile. 1710 Leichen. 1710mal gebrochene Beine, aufgeschlitzte Bäuche und zerquetschte Gesichter. Wirklich eine gute Nachricht.

Dann las ich weiter und mußte feststellen, daß der Verfasser des Artikels etwas ganz anderes gemeint hatte. Im Jahr davor waren auf den bayerischen Straßen nämlich *noch* mehr Menschen gestorben, und die gute Nachricht bestand in der sinkenden Zahl der Verkehrsopfer. (Ein kleiner Rückblick auf das letzte Kapitel: »Verkehrsopfer« ist ein besonders gelungenes Beispiel arschlochologischer Umwortung. Man sieht förmlich den anbetungswürdigen Gott unter dem Mercedes-Stern vor sich, dem diese Opfer dargebracht werden. Um ihm eine Freude zu machen, lohnt es sich schon fast, sich überfahren zu lassen.)

»Die gute Nachricht« und »1710 Verkehrstote« in trautem Verein – der Mißton schmerzt, wie wenn Kreide über eine Wandtafel schrammt. Das Nebeneinander der beiden Begriffe ist mehr als nur die Ungeschicklichkeit eines Zeitungsschreibers. Hier wird die selektive Blindheit deutlich, die es dem Arschdenker erspart, unangenehme Dinge zur Kenntnis nehmen zu müssen – selbst wenn er gerade einen Artikel über sie schreibt. Weniger Tote? Wunderbar! Jedes Jahr begräbt die Blechlawine die Einwohnerschaft einer mittleren Kleinstadt? Können wir nicht von etwas anderem reden, bitte?

Rauchen führt zu Lungenkrebs? Das Kamel geht trotzdem meilenweit, um nicht auf die Lust des morgendlichen Hustenanfalls verzichten zu müssen.[18] Die Überfischung der Weltmeere führt zur Ausrottung ganzer Arten? »Solange sich nur keine Delphine in den Netzen verfangen«, sagt der Tierfreund. »Delphine sind nämlich niedlich.« An Alkohol sterben sehr viel mehr Menschen als an allen anderen Drogen? Darauf einen Dujardin!

Je höher der A-Quotient, desto weniger Elemente der Wirklichkeit werden wahrgenommen. Einfachheit – Sie erinnern sich – geht dem Arsch-

---

[18] Dafür wurde jener Abgeordnete eines Schweizer Kantonalparlaments des Zynismus geziehen, der sich dagegen aussprach, eine Anti-Raucher-Kampagne mit öffentlichen Geldern zu fördern. »Das wäre unökonomisch«, war seine logisch unanfechtbare Begründung, »denn durch seine kürzere Lebenserwartung erspart jeder Raucher der staatlichen Sozialversicherung eine Menge Geld.«

denker über alles. Ein Puzzle wird nun mal bedeutend einfacher, wenn man gleich von Anfang an die Hälfte der Teile wegschmeißt. Und wer sagt, daß die weißen Flecken nicht dazugehören?

Wir reden hier nicht von mangelnden Informationen. Die Weltsicht wird nicht deshalb enger, weil ›Bild‹ weniger Seiten hat als die ›FAZ‹. Auch der Bildungsprotz, der die Weisheit mit dem ganz großen Löffel gefressen hat, legt bei der Betrachtung der Wirklichkeit gerne mal Scheuklappen an – wenn er ein Arschloch ist. »Weil nicht sein kann, was nicht sein darf«, heißt die Devise.

Diese Methode funktioniert so gut, daß der Arschdenker das, was er nicht sehen will, auch wirklich nicht sieht. Darum ist es unfair, ihm die Seltsamkeiten seines Weltbildes zum Vorwurf zu machen. Wir beschimpfen ja auch keinen Farbenblinden, bloß weil ihm das herrliche Blau eines Apfels gefällt.

Außerdem sind Scheuklappen dem Erfolg im Leben keineswegs hinderlich. Im Gegenteil: für manche Funktionen scheinen sie sogar unabdingbare Voraussetzung. Wer könnte als Schlagersänger reüssieren, wenn er es nicht schaffte, die Schwachsinnigkeit der eigenen Liedertexte permanent auszublenden? Wer könnte einen Rüstungsbetrieb leiten, wenn er wirklich zur Kenntnis nähme, was die von ihm produzierten Waffen anrichten? Und wer würde Parteichef der Republikaner?

ERRARE HUMANUM NON EST
oder
*Arschlöcher erkennt man daran, daß sie
immer, immer recht haben*

Zur obligatorischen Grundausstattung jedes deutschen Büros gehört eine fotokopierte Geschäftsordnung mit dem humorigen Text: »1: Der Chef hat immer recht. 2: Sollte er mal nicht recht haben, tritt automatisch 1 in Kraft.« Ersetzen Sie »Der Chef« durch »Das Arschloch«, und aus dem abgenudelten Scherz wird eine tiefe Weisheit.

Arschlöcher irren sich nie. Wer seine Gehirnzellen nur zur Auspolsterung der Schädeldecke verwendet, ist vor dieser Gefahr gefeit. Um sich zu irren, muß man zuerst was überlegen. Und für Arschdenker ist »überlegen« nicht etwas, was man tut, sondern etwas, was man ist. Weil man ja immer recht hat.[19]

Niemand ist arroganter als so ein gesäßzentrierter Denkimitator, wenn er sein Vorurteil als allerneuste Erkenntnis der Wissenschaft ausgibt. »Es ist ganz eindeutig nachgewiesen, daß an dem schlechten Wetter nur die Atomversuche schuld sind.« Oder die Freimaurer. Oder die Tatsache, daß die Leute am Sonntag nicht mehr in die Kirche gehen.

---

[19] Kurt Tucholsky: »Wenn einer so überlegen tut, wäre zu überlegen, ob man ihn nicht überlegen soll.«

Arschgedanken sind immer Kopien. Man *läßt* denken. Deshalb läßt sich die Höhe des individuellen A-Quotienten recht genau an der Autorität ablesen, von der der Arschdenker seine Weisheit bezogen hat. »Das haben sie im Fernsehen gesagt«, dürfte die zur Zeit häufigste Quellenangabe sein. Sie stimmt immer. Bei all den Kanälen, die pausenlos vollgelabert werden müssen, wird im Fernsehen irgendwann alles gesagt. Hier wirkt das Prinzip von den zehntausend Affen an den zehntausend Schreibmaschinen, die zwangsläufig früher oder später Shakespeares sämtliche Werke tippen. Für den A-Typ macht es dabei keinen Unterschied, ob ein Satz aus der Neujahrsansprache des Bundeskanzlers stammt, oder ob J. R. sie Sue Ellen ins Ohr geflüstert hat. Autorität ist Autorität.

Aber wenn nun in Bonn oder Dallas jemand behauptet, daß zwei mal zwei fünf ergibt – dann wird doch auch der letzte Arschdenker einsehen, daß hier ein Irrtum vorliegt? Theoretisch ja, praktisch nein. Für diese Einsicht müßte er nämlich seinen Kopf benützen. Und wer wird denn gleich zu so extremen Mitteln greifen?

Die Unfehlbarkeit seines Vorbildes schützt den Arsch vor der Gefahr des Irrtums. Zugegeben, um »2 x 2 = 5« zum allgemeinen Glaubenssatz zu machen, wäre der Kanzler vielleicht nicht unfehlbar genug. Da müßte schon ein Führer ran. Oder am besten der HErr höchstpersönlich.

Der liebe Gott, von dem man keine Dementis befürchten muß, war schon immer die Lieblingsautorität der chronischen Rechthaber. Es steht geschrieben, und damit basta. Die Erde ist eine in sieben Tagen geschaffene Scheibe, und Ketzer gehören verbrannt.

Für das Verbrennen, Vierteilen und sonstige Totschlagen von Ketzern eignen sich Arschlöcher besonders gut. Kommandos wie das klassische »Tötet sie alle – Gott wird die seinen schon erkennen« erscheinen ihnen durchaus einleuchtend. Wer nicht denkt, kann auch nicht zweifeln.

Auch nicht im nachhinein. Das Schöne an absoluten Autoritäten ist ja gerade, daß sie es dem Arschloch erlauben, nicht nur Scheiße zu bauen, sondern sie auch als wohlriechenden Zimmerschmuck zu rechtfertigen. Es nützt auch gar nichts, wenn man ihn hinterher mit der Nase in sein Häufchen stößt. Dann hat er nichts gehört, nichts gesehen und schon gar nichts getan. »Massenmord? Das waren doch nur Duschen!« Die selektive Blindheit korrigiert jede Historie. Arschlöcher haben immer recht.

Sie sollten sich diesen Satz dreimal rot unterstreichen. Er wird Ihnen beim Bestimmen von A-Typen noch oft sehr hilfreich sein. Denn bei keiner anderen Eigenschaft funktioniert der Umkehrschluß so zuverlässig wie hier: Wer immer recht hat, ist ein Arschloch.

Der Prozeßhansl, der seinen Nachbarn wegen Lärmstörung vor Gericht bringt? (»Was? Piepsende Wellensittiche am Sonntag sollen nicht verboten sein? Da gehe ich aber durch alle Instanzen!«) Abhaken! Der Politiker, der beim Bestochenwerden erwischt wurde? (»Wenn ich heute zurücktrete, dann nicht, weil ich etwas Falsches getan habe, sondern nur um meiner Partei schädliche Auseinandersetzungen zu ersparen.«) Aufspießen! Der Sektierer, dessen Weltuntergangsprognose mal wieder nicht eingetroffen ist? (»Ich habe im letzten Moment persönlich mit Gott gesprochen und ihn überreden können…«) Rein in das Schmetterlingsnetz.

Wenn Sie einmal angefangen haben darauf zu achten, wird die Sammlung immer größer.

SCHLUSSWORT

Die Frage ist nur: Was machen Sie dann mit Ihrer schönen Kollektion? Dasselbe, was man auch mit Briefmarken, Schmetterlingen oder Erstausgaben von Konsalik-Romanen tut: ansehen und sich über die bunte Vielfalt freuen.

Sich über die Mehrheit der Arschlöcher zu ärgern wäre sinnlos. »Die Menschen sind so«, stellte Konrad Adenauer einmal fest. »Es gibt keine andern.«

Und auf gar keinen Fall sollte man den Versuch machen, Arschdenker auf Kopfdenk umzuschulen. Dieses Experiment haben schon viele Philosophen und Religionsstifter versucht, und sie sind alle daran gescheitert. Georg Christoph Lichtenberg hat die damit verbundene Schwierigkeit in einem seiner Sudelbücher sehr treffend so beschrieben: »Wenn er seinen Verstand gebrauchen sollte, so war es ihm, als wenn jemand, der beständig seine rechte Hand gebraucht hat, etwas mit der linken tun soll.« Es geht einfach nicht. Das anale Denken scheint eine angeborene Behinderung zu sein.

Aber vielleicht ist ja auch der Drang zum Kopfdenk die Behinderung – immerhin sind die Arschlöcher die normbildende Mehrheit. Vielleicht ist ja wirklich alles ganz einfach. Vielleicht sind Kopien wertvoller als Originale. Vielleicht sind Äußerlichkeiten und sture Regeln das, was die Welt im

Innersten zusammenhält. Vielleicht verändern sich die Dinge tatsächlich, wenn man nur ein neues Wort für sie findet. Vielleicht sieht man mit geschlossenen Augen wirklich besser. Vielleicht hab ich mit meiner Theorie von der Mehrheit der Arschlöcher gar nicht recht.

Ich zweifle. Also bin ich kein Arschloch. Also habe ich recht. Aber wenn ich so sicher bin, recht zu haben, bin ich am Ende doch eines. Oder doch nicht? Um mit Woody Allen zu klagen: »Wenn Gott mir doch nur ein klares Zeichen geben würde! Zum Beispiel indem er bei einer Schweizer Bank einen größeren Betrag auf meinem Namen einzahlt.«

Zum Glück gibt es ein einfaches und unfehlbares System, mit dessen Hilfe man ein Arschloch auf den ersten Blick erkennen kann. Ich weiß, daß es funktioniert. Ich hab's an mir selber ausprobiert.

Man schaut ganz einfach in den Spiegel.

ENTSCHULDIGUNG

Es ist dem Autor ein Bedürfnis, sich bei den unschuldigen Opfern dieses Buches zu entschuldigen.

Ihr rosigen Rosetten, die ihr uns bei jedem Stuhlgang so unschätzbare Dienste leistet, es tut mir leid, daß ich euch mit Schlagersängern, Modefreaks und Politikern verglichen habe. Ich weiß, daß ihr der Menschheit viel nützlicher seid als jene.

Arschlöcher, verzeiht mir!

HAFFMANS' HELFENDE
HAND-BIBLIOTHEK

**Die Reihe im Dienste der Menschheit -
Rettende Geschenke in jeder Lebenslage**

HARALD BECK (Hg.)
Roman-Anfänge
Rund 500 erste Sätze

Roman-Enden
Rund 500 letzte Sätze

JÖRG DREWS (Hg.)
Dichter beschimpfen Dichter
Ein Alphabet harter Urteile

Dichter beschimpfen Dichter II
Eine zweite Folge harter Urteile

Das endgültige zynische Lexikon
Ein Alphabet harter Wahrheiten

EUGEN EGNER
**Aus dem Tagebuch eines Trinkers:
Das letzte Jahr.**
Mit Illustrationen des Verfassers

EGON FRIEDELL
Kultur ist Reichtum an Problemen
Extrakt eines Lebens, gezogen und vor-
gesetzt von Heribert Illig

ROBERT GERNHARDT
**Es gibt kein richtiges Leben
im valschen**
Humoresken aus unseren Kreisen

ECKHARD HENSCHEID
**Wie Max Horkheimer einmal sogar
Adorno hereinlegte**
Anekdoten über Fußball,
Kritische Theorie, Hegel und Schach

GERD HAFFMANS (Hg.)
Kleiner Atheismus-Katechismus
Zwingende Zweifel auf
gottfernen Seiten

HERMANN KINDER
Liebe und Tod
25 schöne Geschichten von A bis Z

VOLKER KRIEGEL
Kleine Hundekunde

**GEORG CHRISTOPH
LICHTENBERG**
Sudelbrevier
Herausgegeben und mit einem Nachwort
von Gisbert Haefs

FLANN O'BRIEN
Trost und Rat
Das Beste aus »The Best of Myles«.
Ausgesucht, verdeutscht und
dargeboten von Harry Rowohlt

ARNO SCHMIDT
Deutsches Elend
13 Erklärungen zur Lage der Nationen

Griechisches Feuer
13 historische Skizzen

Das Leptothe=Herz
16 Erklärungen zur Lage
der Literaturen

Nebenmond und rosa Augen
16 Geschichten aus der Inselstraße

Der Platz, an dem ich schreibe
17 Erklärungen zum Handwerk des
Schriftstellers

Stürenburg-Geschichten
12 Geschichten.
Alle Arno-Schmidt-Bände in der
Helfenden Hand-Bibliothek
herausgegeben
von Bernd Rauschenbach

ARTHUR SCHOPENHAUER
**Eristische Dialektik oder
Die Kunst, Recht zu behalten**

HAFFMANS'
ENTERTAINER

Die rasante, amüsante, wohlfeile, heiße Reihe
mit Krimis, Komik, Kino, Abenteuer, SF, Erotik und
jeder Art von Unterhaltung.
Elegante gebundene Bücher zum Preis von Taschenbüchern.

THOMAS ADCOCK
Hell's Kitchen
Ein Neil-»Hock«-Hockaday-Krimi
Feuer und Schwefel
Ein Neil-»Hock«-Hockaday-Krimi

JULIAN BARNES
Flauberts Papagei
Roman einer Leidenschaft
Vor meiner Zeit
Roman einer Eifersucht

GEORGE BAXT
Mordfall für Alfred Hitchcock
Kriminalroman
Mordfall für Tallulah Bankhead
Kriminalroman
Mordfall für Greta Garbo
Kriminalroman

W. ARNOLD BREUER
Interview mit einer Toten
Roman einer Ermittlung

EDMUND CRISPIN
Der wandernde Spielzeugladen
Kriminalroman

PHILIP K. DICK
Autofab
Sämtliche SF-Geschichten in
Einzelbänden, Band 7
Zur Zeit der Perky Pat
Sämtliche SF-Geschichten in
Einzelbänden, Band 8

Black Box
Sämtliche SF-Geschichten in
Einzelbänden, Band 9
Blade Runner
SF-Roman. Erweiterte Neuausgabe

JÜRGEN EBERTOWSKI
Maltagold
Roman

ECKHARD HENSCHEID
BERND EILERT
Eckermann und sein Goethe
Ein Schau-/Hörspiel

AARON ELKINS
Fluch!
Ein Gideon-Oliver-Krimi

KINKY FRIEDMAN
Lone Star
Ein Kinky-Krimi
Wenn die Katze weg ist ...
Ein Kinky-Krimi
Frequent Flyer
Ein Kinky-Krimi
Nie wieder Tequila
Ein Kinky-Krimi

SUSAN GEASON
Fish im Trüben
Kriminalgeschichten

ROBERT GERNHARDT
Die Falle
Eine Weihnachtsgeschichte